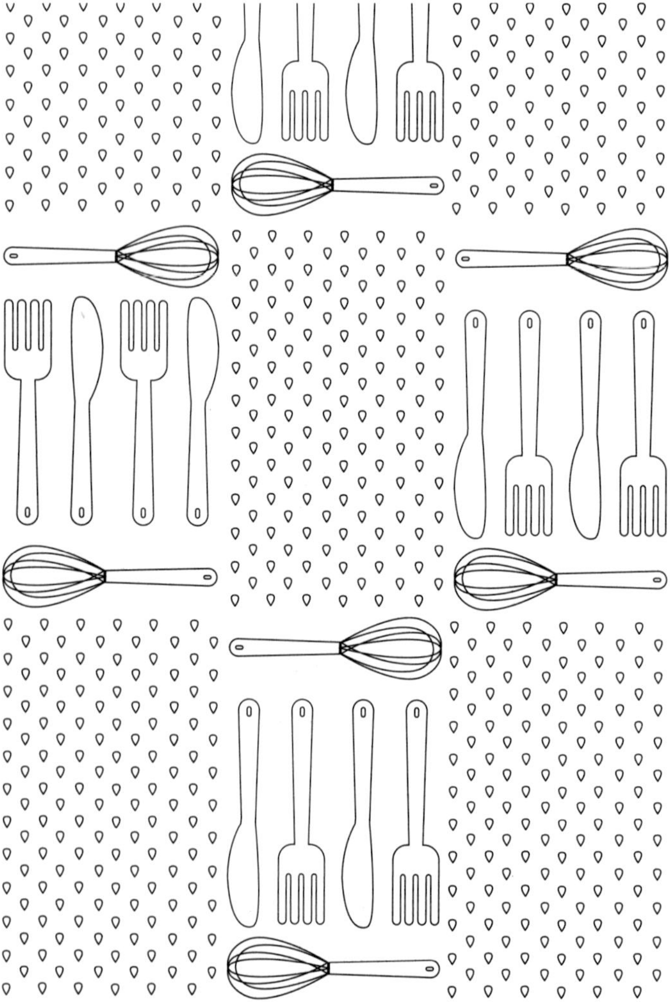

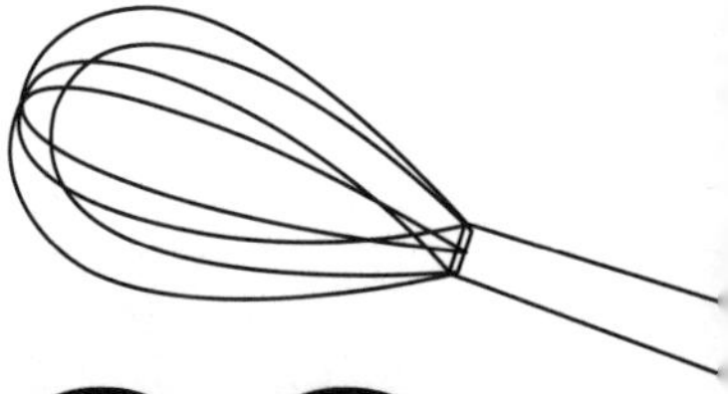

400 recettes

pour un corps de rêve

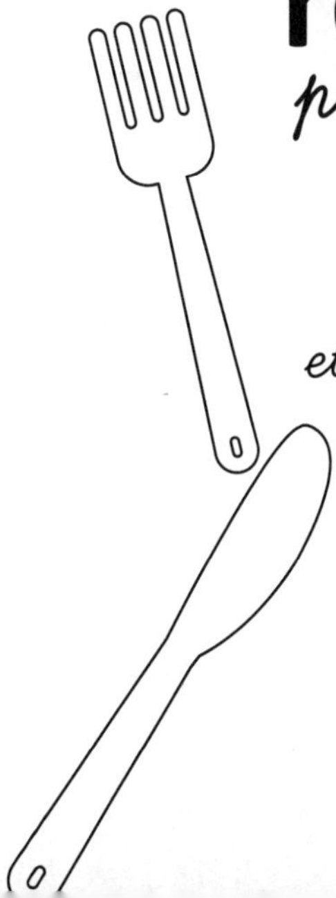

Isabelle Lauras
et Nathalie Vogtlin

Un ouvrage dirigé par Florence Le Bras

ISBN : 978-2-7540-3556-9
Dépôt légal : janvier 2012

Couverture : Chrystel Proupuech
Conception graphique : Chrystel Proupuech
chrystel@pinkpurplepaper.com
Maquette : Olivier Frenot
Correction : Valérie Gios

Éditions First – Gründ
60, rue Mazarine
75 006 Paris – France
Tél. : 01 45 49 60 00
Fax : 01 45 49 60 01
firstinfo@efirst.com
www.editionsfirst.fr

Introduction

Cou gracile, taille fine, hanches galbées, chute de reins cambrée, fesses rebondies, attaches déliées... voilà un corps dont nous rêvons toutes. Sans prétendre ressembler aux mannequins qui peuplent nos magazines, on aimerait bien avoir une silhouette élégante.

Faut-il y renoncer parce qu'on manque de temps, d'imagination, ou parce qu'on a une famille à nourrir au quotidien ? parce que le mot régime vous fait horreur ?

Soyons clairs : pour perdre du poids, il faut modifier ses habitudes alimentaires. Ce qui signifie réduire certains aliments très caloriques, en adopter d'autres. Il est bien loin le temps où minceur rimait avec rigueur et privations. C'est simple, un régime draconien fait perdre du poids... pour en reprendre plus encore, dès que l'on se jette sur les aliments caloriques dont on a été frustré pendant des jours et des semaines. Alors, la solution ? des repas variés, savoureux, à partager avec la famille et les amis, pour se simplifier la vie.

Manger est un plaisir dont il ne faut pas se priver. Si vous êtes gourmand, si vous aimez cuisiner, alors c'est (presque) gagné. Ce livre vous propose 400 recettes pour avoir un corps de rêve. Tartines et sandwiches à emporter au bureau pour le déjeuner, mises en bouche pour soirées entre amis, recettes hyper légères pour repas équilibrés, douceurs exquises mini calories, tout est prévu pour vous régaler tout au long de la journée, et de l’année.

Qui ne se laisserait pas tenter ?

Et pour vous aider, voici quelques pictos pour vous repérer :

 Recette starter, pour commencer votre régime

 Sur le pouce

 Pour recevoir

Mini-mises en bouche

AUMÔNIÈRES DE JAMBON CRU ET CHÈVRE FRAIS

4 pers. Préparation : 20 min ***108 kcal/pers.***

4 tranches de jambon cru, type Aoste • 60 g de chèvre frais • 120 g de fromage blanc à 0 % de MG • quelques brins de ciboulette • persil plat • fleur de sel, poivre du moulin

Réalisation

Lavez et hachez le persil. Dans une jatte, mélangez le fromage blanc, le fromage de chèvre et le persil ciselé. Assaisonnez à votre convenance. Coupez les tranches de jambon cru en deux.

Formez des aumônières en déposant au centre de chaque tranche la sauce au chèvre et en les refermant avec les brins de ciboulette. Disposez sur une assiette de présentation et placez au frais jusqu'au moment de servir.

BOUCHÉES AU POULET JAUNE

4 pers. Préparation : 10 min – Cuisson : 10 min ***70 kcal/pers.***

200 g de blanc de poulet jaune • 2 tranches d'ananas en conserve au naturel • quelques baies de genièvre • quatre-épices • sel fin, poivre noir du moulin

Réalisation

Détaillez le poulet en fines lanières et saupoudrez-le de quatre-épices, de baies de genièvre concassées, de sel et de poivre. Placez les morceaux dans le panier de votre autocuiseur et faites cuire 5 minutes à compter de la rotation de la soupape.

Pendant ce temps, détaillez les tranches d'ananas en quatre ou en huit. Embrochez les morceaux d'ananas et de poulet en alternance jusqu'à épuisement des ingrédients. Servez les bouchées tièdes ou froides.

BOUCHÉES AU THON ET À LA TOMATE

4 pers. Préparation : 10 min – Cuisson : 12 min ***145 kcal/pers.***

200 g de thon au naturel • 4 cuil. à soupe de concentré de tomate • 2 œufs entiers • 4 cl de crème liquide allégée • 10 cl de lait écrémé • 1 cuil. à soupe de farine de blé • 4 cuil. à soupe d'herbes fraîches variées • sel fin, poivre noir du moulin

Réalisation

Préchauffez le four à 210 °C (th. 7). Égouttez le thon, écrasez-le à la fourchette. Mixez le thon avec les œufs, la crème fraîche et le concentré de tomate. Saupoudrez de farine. Ajoutez le lait, les herbes ciselées, du sel et du poivre et mixez à nouveau vitesse maxi.

Versez la préparation dans des moules à cannelés ou à madeleines puis enfournez-les pendant 12 minutes environ. Lorsqu'elles sont dorées, démoulez les bouchées et laissez-les tiédir. Servez-les tièdes ou froides sur un plateau de service.

BOUCHÉES DE FIGUES FRAÎCHES AU JAMBON DE BAYONNE

4 pers. Préparation : 10 min *79 kcal/pers.*

8 figues fraîches • 4 tranches de jambon de Bayonne • poivre du moulin

Réalisation

Choisissez des figues bien mûres mais à la chair ferme. Fendez les figues en quatre, sans en séparer les quartiers. Décollez la peau des figues au niveau du pédoncule. Disposez les fleurs de figue deux par deux en corolle dans des assiettes de dégustation.

Chiffonnez les tranches de jambon et disposez-les au centre de l'assiette, entre les figues. Poivrez légèrement et servez aussitôt.

BOUCHÉES SAUMONÉES AU ROQUEFORT

4 pers. Préparation : 20 min *160 kcal/pers.*

4 tranches de saumon fumé • 60 g de roquefort • 200 g de fromage blanc à 0 % de MG • quelques brins de ciboulette • fleur de sel, poivre noir du moulin

Réalisation

Lavez et ciselez la ciboulette. Réservez quelques brins pour maintenir les petites bouchées. Dans une jatte, mélangez le fromage blanc, le roquefort et la ciboulette. Assaisonnez modérément.

Formez des aumônières en déposant au centre de chaque tranche de saumon la sauce au roquefort et en les refermant avec les brins de ciboulette. Disposez sur une assiette de service et placez au frais jusqu'au moment de servir.

BROCHETTES DE MELON ET MOZZARELLA AU BASILIC

4 pers. Préparation : 20 min ***178 kcal/pers.***

1 melon de Cavaillon • 150 g de mozzarella allégée • 4 cuil. à soupe d'huile d'olive extra vierge • ½ citron vert • 1 branche de basilic frais • sel fin, poivre noir du moulin

Réalisation

Coupez le melon en deux. À l'aide d'une cuillère, retirez la filasse et les pépins. Séparez le melon en quartiers et éliminez l'écorce. Réalisez des boules à l'aide d'une cuillère parisienne. Égouttez la mozzarella et détaillez-la en fines tranches. Réalisez des motifs à l'aide d'un emporte-pièce.

Confectionnez des brochettes en alternant le melon et la mozzarella. Lavez puis ciselez le basilic. Pressez le citron vert. Dans un bol, mélangez l'huile et le jus du citron vert. Ajoutez le basilic, salez et poivrez modérément. Nappez les brochettes de sauce au basilic et servez bien frais.

DIP AU CHÈVRE ET MASCARPONE

4 pers. Préparation : 15 min 103 kcal/pers.

80 g de chèvre frais • 40 g de mascarpone • 2 cuil. à soupe d'huile d'olive extra vierge • 1 bouquet d'herbes variées (ciboulette, persil, cerfeuil, etc.) • paprika en poudre • sel fin

Réalisation

Lavez, séchez et ciselez finement les herbes. Mixez le mascarpone et le fromage de chèvre avec l'huile d'olive. Ajoutez les herbes. Salez et poivrez à votre convenance. Mélangez bien. Placez au réfrigérateur jusqu'au moment de servir.

Conseil : *dégustez ce dip avec des petits légumes crus variés (radis, tomates cerise, bâtonnets de carottes, bouquet de chou-fleur, etc.).*

MINI BOUCHÉES DE SCAMPI À LA MOZZARELLA

4 pers. Préparation : 15 min – Cuisson : 5 min 120 kcal/pers.

16 scampi • 2 cuil. à soupe de farine de blé • 1 pincée de curry en poudre • 1 cuil. à café de gingembre en poudre • 4 tranches de pain de seigle • 2 gousses d'ail • 4 tomates cerise • 4 mini boules de mozzarella • 1 branche de basilic frais • 2 cuil. à soupe d'huile d'olive extra vierge • sel fin, poivre noir du moulin

Réalisation

Décortiquez les scampi et conservez-en la queue. Mélangez la farine avec les épices, le sel et le poivre et roulez les scampi dans cette préparation. Disposez les tranches de pain dans un plat allant au four. Épluchez et émincez l'ail.

Faites chauffer une cuillerée d'huile dans une poêle et faites-y revenir l'ail. À l'aide d'un pinceau, badigeonnez le pain avec l'huile aromatisée. Détaillez les tomates et la mozzarella en tranches fines. Lavez le basilic et ciselez-le. Faites revenir les scampi dans l'huile restante.

Répartissez sur les tranches de pain les tomates, la mozzarella, le basilic et les scampi. Salez et poivrez à votre convenance. Placez les toasts au four le temps de faire fondre la mozzarella. Servez dès la sortie du four.

MINI MUFFINS DE POISSON FUMÉ

4 pers. Préparation : 20 min – Cuisson : 25 min **380 kcal/pers.**

200 g de filets de truite fumée • 2 œufs • 250 g de farine + 1 cuil. à soupe • 10 cl de lait écrémé • 1 cuil. à soupe d'huile de sésame • 1 sachet de levure chimique • 1 brin d'aneth • sel fin, poivre noir concassé

Réalisation

Détaillez la chair de la truite fumée en fines lanières. Lavez et ciselez grossièrement l'aneth. Dans une jatte, mêlez les œufs entiers, le lait et l'huile. Ajoutez peu à peu la farine et la levure chimique. Ajoutez les lanières de poisson et les herbes fraîchement ciselées. Salez modérément et poivrez. Préchauffez votre four à 180 °C (th. 6).

Tapissez les moules à muffins de papier cuisson et répartissez-y la pâte préalablement préparée. Enfournez et laissez cuire pendant 25 à 30 minutes. Servez dès la sortie du four avec un mesclun aromatisé au vinaigre balsamique.

MINI PAUPIETTES DE CANARD AUX POIRES

4 pers. Prép. : 20 min – Réfrigération : 30 min *230 kcal/pers.*

400 g de filet de canard séché • 2 oreillons de poire au naturel • 2 cuil. à soupe d'huile d'olive extra vierge • 2 branches de basilic frais • fleur de sel, poivre noir concassé

Réalisation

Égouttez les poires et tranchez-les en lamelles de 1 cm d'épaisseur. Lavez le basilic et ciselez grossièrement les feuilles. Mélangez le hachis ainsi obtenu à l'huile d'olive additionnée de deux cuillerées de sirop de poire. Ajoutez une pincée de fleur de sel et poivrez. Versez sur les fruits tranchés et placez en attente au frais pendant 30 minutes environ.

Réalisez des paupiettes en enroulant les morceaux de fruit égouttés d'une tranche de canard séché, le tout maintenu à l'aide d'un cure-dents. Procédez jusqu'à épuisement des ingrédients. Nappez avec la sauce restante et servez bien frais.

PAUPIETTES DE VIANDE DES GRISONS

4 pers. Préparation : 25 min *218 kcal/pers.*

12 tranches de viande des grisons • 80 g de mozzarella allégée • 1 branche de basilic frais • 2 cuil. à soupe d'huile d'olive extra vierge • quelques brins de ciboulette • fleur de sel, poivre noir concassé

Réalisation

Tranchez la mozzarella en fines lamelles. Lavez puis ciselez les feuilles de basilic. Mélangez-les avec l'huile, une pincée de fleur de sel et un peu de poivre concassé. Ajoutez la mozzarella et mélangez.

Étalez les tranches de viande sur votre plan de travail. Au centre, disposez une lamelle de mozzarella préalablement égouttée, roulez la viande pour former une paupiette et maintenez avec un brin de ciboulette. Procédez jusqu'à épuisement des ingrédients et disposez les paupiettes sur un plat de service.

Décorez de quelques feuilles de basilic et servez bien frais.

ROULÉS JAMBON ROQUEFORT

4 pers. Préparation : 15 min **92 kcal/pers.**

4 tranches de jambon blanc dégraissé et découenné • 40 g de Roquefort • 1 cuil. à soupe de Cognac • poivre noir en grains

Réalisation

Dans un bol, mélangez le Roquefort et le Cognac. Poivrez à votre convenance. Tartinez une face des tranches de jambon avec cette préparation, roulez-les et découpez des rondelles d'environ 1 cm d'épaisseur.

Piquez-les avec un cure-dent et disposez-les sur un plat de service. Conservez au frais jusqu'au moment de servir.

TAPAS DE POULET AU SÉSAME

4 pers. Préparation : 10 min – Cuisson : 10 min *208 kcal/pers.*

8 tranches de pain blanc (type Bannette) • 200 g de blancs de poulet rôti • 1 cuil. à soupe de graines de sésame • 2 cuil. à soupe d'huile de sésame • 1 cuil. à soupe de sauce soja • 1 cuil. à soupe de sauce Worcestershire • quelques brins de coriandre fraîche • 4 tomates cerise • poivre noir du moulin

Réalisation

Émincez les blancs de poulet rôti. Faites chauffer l'huile dans une poêle et faites revenir le poulet. Saupoudrez de graines de sésame puis ajoutez la sauce soja et la sauce Worcestershire. Laissez revenir quelques instants pour que la sauce se lie à la viande.

Faites dorer les tranches de pain au four ou dans le grille-pain. Servez en tapas avec les tomates cerise coupées en deux ou en quatre.

Soupes and Co

CAPPUCCINO DE CAROTTES À LA BERGAMOTE

4 pers. Préparation : 15 min – Cuisson : 25 min **88 kcal/pers.**

400 g de carottes nouvelles • 1 oignon jaune • 20 cl de bouillon de volaille dégraissé • 1 cuil. à soupe de crème fraîche à 5 % de MG • 1 cuil. à soupe d'huile végétale • 1 cuil. à soupe de sirop de bergamote • Fleur de sel, poivre noir du moulin

Réalisation

Épluchez et détaillez grossièrement les carottes et l'oignon. Dans une sauteuse, faites chauffer l'huile et laissez-y dorer le hachis de carottes et d'oignon. Laissez colorer sur feu moyen. Salez, poivrez modérément et ajoutez le sirop de bergamote. Mouillez avec le bouillon de volaille, couvrez et laissez mijoter 20 minutes environ.

Passez au mixer jusqu'à obtention d'une purée lisse et homogène. Répartissez le cappuccino dans des verrines et nappez d'une cuillerée de crème. Servez aussitôt.

CONSOMMÉ AU SAUMON ET À LA CIBOULETTE

4 pers. Prép. : 10 min – Cuisson : 5 à 8 min **227 kcal/pers.**

200 g de saumon fumé • 1 litre de bouillon de volaille dégraissé • 200 g de julienne de légumes surgelée (carottes, céleri…) • 8 crevettes roses • 100 g de champignons noirs • ciboulette en brins • sel fin, poivre du moulin

Réalisation

Nettoyez les champignons et essuyez-les dans du papier absorbant. Coupez les plus gros en deux. Découpez le saumon en lanières de taille identique. Décortiquez les crevettes. Portez le bouillon à ébullition, jetez-y la julienne de légumes, réduisez le feu et laissez cuire quelques minutes.

Versez le bouillon dans des bols. Dans chacun, répartissez les lanières de saumon, les crevettes et les champignons noirs. Parsemez de ciboulette ciselée au dernier moment et servez aussitôt.

CONSOMMÉ DE POULET

4 pers. Préparation : 10 min – Cuisson : 15 min **91 kcal/pers.**

2 ailerons de poulet • 1 carotte • 1 bouquet garni • 1 oignon jaune • 2 clous de girofle • 1 poireau • 1 branche de céleri • sel, poivre du moulin

Réalisation

Épluchez la carotte et l'oignon. Piquez l'oignon de clous de girofle. Nettoyez le poireau et le céleri. Placez les légumes dans votre autocuiseur et versez 1 litre d'eau. Ajoutez le bouquet garni, salez et poivrez.

Ajoutez le poulet et fermez votre autocuiseur. Laissez cuire pendant 15 minutes. Filtrez le bouillon et rectifiez l'assaisonnement si nécessaire. Servez bien chaud avec des croûtons de pain frottés à l'ail.

CRÈME D'ASPERGES AU BASILIC

4 pers. Préparation : 30 min – Cuisson : 25 min ***28 kcal/pers.***

1 botte d'asperges vertes • 50 cl de bouillon de volaille dégraissé • 2 cuil. à soupe de crème fleurette allégée • 1 pincée de muscade en poudre • sel fin, poivre noir du moulin

Réalisation

Réservez quelques pointes d'asperges et quelques feuilles de basilic entières pour la décoration. Pelez les asperges et coupez-en les extrémités. Plongez-les dans le bouillon de volaille, muscadez et laissez mijoter à couvert pendant 10 à 15 minutes.

Passez les légumes au moulin puis ajoutez la crème fraîche. Assaisonnez à votre convenance. Lavez le basilic, coupez-en les tiges et broyez les feuilles au mortier dans un pilon. Ajoutez le hachis au mélange précédent. Passez le potage au mixer pour le lisser.

Servez dans des verres à limonade et décorez de quelques feuilles de basilic entières et de pointes d'asperges.

CRÈME DE CERFEUIL

4 pers. Préparation : 20 min – Cuisson : 30 min **124 kcal/pers.**

1 gros bouquet de cerfeuil • 1,5 litre de bouillon de volaille dégraissé • 2 pommes de terre moyennes • 1 jaune d'œuf • 4 cuil. à soupe de crème fraîche légère • sel, poivre du moulin

Réalisation

Nettoyez le cerfeuil et ciselez-le. Réservez quelques feuilles pour la décoration. Portez le bouillon à ébullition et jetez-y le cerfeuil. Pelez les pommes de terre et coupez-les en petits cubes. Ajoutez-les au bouillon et assaisonnez. Laissez mijoter 30 à 35 minutes.

Passez le potage au mixeur ou au moulin à légumes. Dans un bol, mélangez le jaune d'œuf avec la crème fraîche. Versez le mélange petit à petit dans le bouillon et faites épaissir le potage sur feu doux sans porter à ébullition.

Au moment de servir, décorez avec le cerfeuil réservé.

GASPACHO

4 pers. Préparation : 15 min – Réfrigération : 2 h **126 kcal/pers.**

800 g de pulpe de tomate appertisée • 150 g de concombre + 50 g pour la garniture • 100 g d'oignon doux + 50 g pour la garniture • 150 g de poivron rouge + 50 g pour la garniture • 2 gousses d'ail • 60 g de mie de pain au levain • 2 cuil. à soupe de vinaigre balsamique • quelques gouttes de Tabasco • 6 tomates cerise • 1 cuil. à café d'huile d'olive • 1 citron • 1 pincée de sel

Réalisation

Lavez et parez le concombre, le poivron et l'oignon, coupez-les grossièrement. Passez-les au mixeur avec les tomates, la mie de pain, le vinaigre et l'ail écrasé. Dès que le mélange est bien lisse, passez-le au tamis, ajoutez le Tabasco à votre convenance et salez si nécessaire. Placez le gaspacho au frais pendant au moins 2 heures.

Pour la garniture, coupez en petits dés le concombre, l'oignon, le poivron. Lavez les tomates cerise et coupez-les en quatre. Mélangez le tout dans un bol, ajoutez l'huile d'olive, le jus de citron, salez et poivrez et mélangez bien. Laissez le tout mariner jusqu'au service.

Au moment de servir, versez le gaspacho dans quatre assiettes creuses. Égouttez la garniture et déposez-la au centre de chaque assiette, sur le gaspacho. Servez très frais.

MINESTRONE

4 pers. Préparation : 20 min – Trempage : 12 h – Cuisson : 1 h

222 kcal/pers.

200 g de haricots blancs • 1 courgette • 1 carotte • 2 tomates • 1 oignon jaune • 1 branche de céleri • 4 cuil. à soupe de pâtes à potage • quelques feuilles de basilic frais • 1 branche de romarin • 2 gousses d'ail • 1 cuil. à soupe d'huile d'olive extra vierge • sel fin, poivre noir du moulin

Réalisation

Faites tremper les haricots dans l'eau froide pendant 12 heures. Lavez, épluchez et coupez tous les légumes en petits dés.

Pelez les gousses d'ail. Lavez, séchez, effeuillez le basilic et ciselez-le finement. Faites chauffer l'huile d'olive dans une grande marmite et mettez-y tous les légumes, sauf les courgettes, à revenir pendant au moins 5 minutes. Ajoutez ensuite les haricots égouttés, le basilic ciselé, le romarin et les gousses d'ail entières. Recouvrez d'eau et portez à ébullition.

Réduisez le feu et laissez cuire 1 heure environ. 10 minutes avant la fin de la cuisson, ajoutez les pâtes et les dés de courgettes. Rectifiez l'assaisonnement avant de servir froid ou chaud.

POTAGE AU PORC ET AU CRABE

4 pers. Préparation : 30 min – Cuisson : 1 h 213 kcal/pers.

1 litre de bouillon de volaille dégraissé • 100 g de champignons séchés • 200 g de viande de porc maigre • 2 cuil. à soupe de riz cru • 1 petite boîte de crabe émietté • 1 oignon • coriandre fraîche • sel fin, poivre noir du moulin

Réalisation

Faites tremper les champignons 15 minutes dans de l'eau tiède. Détaillez la viande de porc en lamelles. Faites chauffer le bouillon, ajoutez le porc et le riz et laissez cuire 10 minutes.

Ajoutez le crabe égoutté, les champignons et l'oignon préalablement émincé. Assaisonnez à votre convenance.

Lavez et ciselez la coriandre. Prolongez la cuisson une dizaine de minutes avant de servir dans des bols à potage parsemés de coriandre ciselée.

POTAGE GLACÉ À LA TOMATE ET AUX HERBES

4 pers. Préparation : 15 min – Réfrigération : 2 h – Cuisson : 2 à 3 min 30 kcal/pers.

4 tomates bien mûres • 1 oignon blanc • 1 gousse d'ail • coriandre • fleur de sel, poivre gris moulu

Réalisation

Plongez quelques minutes les tomates dans une casserole d'eau bouillante afin d'en retirer la peau. Coupez-les en deux, épépinez-les, puis mixez-les jusqu'à obtention d'une purée homogène.

Pelez l'ail et l'oignon et hachez-les grossièrement. Ajoutez-les au coulis de tomates ainsi que quelques graines de coriandre et mixez à nouveau à grande vitesse. Salez modérément et poivrez. Placez au réfrigérateur pendant au moins 2 heures avant de servir.

SOUPE DE MELON AU PORTO

4 pers. Préparation : 20 min – Attente : 2 h ***156 kcal/pers.***

1 melon de Cavaillon • 1 orange non traitée • 10 cl de porto • 2 cuil. à soupe de sucre semoule • 10 cl de crème fleurette allégée • 125 g de framboises • quelques feuilles de menthe fraîche

Réalisation

Pressez l'orange et râpez-en le zeste. Coupez le melon en deux, retirez les graines et les fibres puis prélevez la chair avec une cuillère parisienne. Passez la pulpe au mixeur avec le jus d'orange, le porto et le sucre. Ajoutez la crème et mixez jusqu'à l'obtention d'une consistance veloutée.

Versez la soupe dans des coupelles individuelles, couvrez de film alimentaire et placez au frais pendant au moins 2 heures. Décorez de feuilles de menthe fraîche au moment de servir.

SOUPE ÉPICÉE AU LAIT DE COCO

4 pers. Préparation : 20 min – Cuisson : 40 min **240 kcal/pers.**

20 cl de lait de coco • 50 cl de bouillon de volaille dégraissé • 200 g de blancs de poulet • 1 piment • 2 kiwis • 1 bouquet de coriandre fraîche • ½ citron vert • 1 gousse d'ail • 1 cuil. à soupe d'huile de sésame • sel fin, poivre noir du moulin

Réalisation

Émincez finement le piment. Taillez les blancs de poulet en fines lanières. Pelez et coupez les kiwis en petits dés. Lavez, séchez, effeuillez et ciselez la coriandre. Pelez et hachez la gousse d'ail.

Faites chauffer l'huile dans une casserole et mettez l'ail et le piment à revenir 1 à 2 minutes.

Versez le bouillon et le lait de coco et faites chauffer doucement en remuant régulièrement. Aux premiers frémissements, ajoutez les lamelles de poulet et poursuivez la cuisson pendant 20 minutes à feu doux sans laisser bouillir.

Au dernier moment, ajoutez les dés de kiwis, le jus de citron et la coriandre. Salez et poivrez. Répartissez dans des bols à potage et servez aussitôt.

SOUPE FROIDE DE CONCOMBRE AU CRABE

4 pers. Préparation : 10 min **76 kcal/pers.**

2 concombres• 100 g de fromage blanc à 0 % de MG • 10 cl de crème fleurette allégée • 100 g de miettes de crabe frais sous vide • cerfeuil frais • sel fin, poivre du moulin

Réalisation

Lavez les concombres. Épluchez-en un puis coupez-le en rondelles. Coupez l'autre en petits dés. Mixez les rondelles de concombre avec la crème fraîche et le fromage blanc.

Lavez et ciselez le cerfeuil. Dans un saladier, mélangez la crème de concombre, le cerfeuil puis le crabe. Salez et poivrez à votre convenance. Ajoutez les dés de concombre au moment de servir.

SOUPE GLACÉE DES INDES

4 pers. Préparation : 15 min – Attente : 1 h **58 kcal/pers.**

4 tomates • 1 concombre • 1 oignon jaune • 2 yaourts nature • 1 pincée de curry en poudre • 1 brin de coriandre fraîche • sel fin, piment de Cayenne en poudre

Réalisation

Pelez le concombre, coupez-le en deux, retirez les graines, coupez la chair en dés. Hachez l'oignon. Mélangez le concombre et l'oignon, saupoudrez de sel et laissez dégorger 30 minutes environ. Pendant ce temps, pelez et épépinez les tomates, coupez-les en petits dés.

Lavez et ciselez la coriandre. Rincez puis égouttez le concombre et l'oignon, mélangez-les aux tomates, joignez la coriandre, le yaourt et les épices. Faites rafraîchir au réfrigérateur jusqu'au moment de servir.

VELOUTÉ AU CRESSON

4 pers. Préparation : 15 min – Cuisson : 10 min ***125 kcal/pers.***

4 pommes de terre moyennes • 1 botte de cresson • 10 cl de lait écrémé • 20 g de beurre allégé • sel, poivre du moulin

Réalisation

Pelez et coupez les pommes de terre en morceaux. Rincez le cresson à grande eau et coupez les tiges. Placez les légumes dans le panier supérieur de votre autocuiseur, fermez et laissez cuire 10 minutes à partir du chuchotement de la soupape.

Passez les légumes au moulin à légumes ou au mixeur. Replacez sur feu doux, ajoutez le lait et le beurre. Assaisonnez à votre convenance. Servez à table dans une soupière.

VELOUTÉ DE CHOU-FLEUR ET SES BROCHETTES DE CREVETTES

4 pers. Préparation : 20 min – Cuisson : 20 min **103 kcal/pers.**

200 g de chou-fleur surgelé • 15 cl de lait • 100 g de fromage blanc à 0 % de MG • ½ cuil. à café de cannelle • 8 belles crevettes • 2 citrons verts non traités ou ébouillantés • sel, poivre

Réalisation

Dans une casserole d'eau bouillante légèrement salée, faites cuire le chou-fleur pendant 10 minutes. Égouttez-le puis remettez-le dans la casserole avec le lait, le fromage blanc et la cannelle. Couvrez et laissez cuire pendant 10 minutes.

Mixez puis passez le tout à la passoire. Salez et poivrez. Dressez le velouté dans des assiettes creuses individuelles. Saupoudrez une petite pincée de cannelle sur chaque assiette. Préparez les brochettes en piquant sur des piques cocktail une crevette avec un quartier de citron.

Passez les piques dans une poêle à revêtement antiadhésif 1 minute de chaque côté et servez-les avec les veloutés.

Conseil : *vous êtes invité et vous avez peur de tomber dans les cacahuètes ou les petits fours ? Anticipez ! Avant de partir de chez vous, avalez un bol de soupe ou une tranche de jambon, cela vous permettra de ne pas vous sentir affamé au moment de l'apéritif et d'éviter les tentations plus sereinement.*

VELOUTÉ DE POIS À LA MENTHE FRAÎCHE

4 pers. Préparation : 30 min – Cuisson : 45 min

145, 153 ou 167 kcal/pers. (selon la crème fraîche)

600 g de petits pois frais • 2 oignons blancs • 1 laitue • 1 cuil. à soupe d'huile d'olive • 2 cuil. à soupe de crème fraîche à 5, 8 ou 15 % de MG • quelques feuilles de menthe fraîche • sel, poivre noir moulu

Réalisation

Écossez les petits pois. Pelez et émincez les oignons en petits cubes. Nettoyez la laitue, n'en conservez que le cœur et détaillez-le en lanières. Faites chauffer l'huile dans une cocotte. Ajoutez les oignons et la laitue, couvrez et prolongez la cuisson sur feu moyen pendant 10 minutes environ. Ajoutez les petits pois et couvrez à nouveau. Laissez mijoter pendant 30 minutes.

Passez le tout au mixeur. Assaisonnez à votre convenance. Replacez sur le feu sans faire bouillir le potage, ajoutez la crème fraîche et la menthe ciselée. Mélangez le tout et servez immédiatement.

VELOUTÉ DE POTIRON MINUTE

4 pers. Préparation : 10 min – Cuisson : 5 min **145 kcal/pers.**

500 g de potiron • 2 topinambours • 2 cuil. à soupe de crème liquide allégée • 10 cl de lait écrémé • 1 pincée de noix de muscade en poudre • sel fin, poivre noir du moulin

Réalisation

Épluchez le potiron et les topinambours puis détaillez-les en morceaux. Faites cuire les légumes au cuit vapeur pendant 10 minutes environ.

Passez les légumes au mixer, ajoutez le lait puis assaisonnez à votre convenance. Ajoutez une pincée de muscade et réchauffez le velouté sur feu doux.

Versez dans des verrines, nappez de crème liquide et servez très chaud.

VELOUTÉ FROID DE COURGETTES À LA MENTHE

4 pers. Préparation : 10 min – Cuisson : 10 min – Réfrigération : 1 h **46 kcal/pers.**

500 g de courgettes • 50 cl de bouillon de légumes • 1 gousse d'ail • 20 feuilles de menthe • 200 g de fromage blanc à 0 % de MG • gros sel, poivre

Réalisation

Lavez les courgettes, retirez les pédoncules et coupez-les en cubes. Dans une grande casserole d'eau bouillante salée, faites-les blanchir pendant 10 minutes puis égouttez-les.

Mixez-les avec le bouillon de légumes, la menthe ciselée, le fromage blanc et l'ail écrasé.

Versez le velouté dans une soupière (ou répartissez-le dans des verrines) et placez-le au réfrigérateur pour 1 heure au minimum en couvrant. Servez très frais.

Conseil : *voilà une entrée extrêmement simple à préparer et vraiment rafraîchissante pour des journées de forte chaleur.*

Tartes, tartines et croques

BRUSCHETTA À LA MOZZARELLA

4 pers.Préparation : 10 min – Cuisson : 5 min ***152 kcal/pers.***

8 tranches de pain de campagne • 200 g de tomates cerise • 2 boules de mozzarella • 2 branches de basilic frais • 2 cuil. à soupe d'huile d'olive extra vierge • fleur de sel, poivre noir concassé

Réalisation

Détaillez les tomates et la mozzarella en petits dés. Arrosez-les d'un filet d'huile d'olive, salez et poivrez à votre convenance. Passez les tranches de pain au gril ou dans un grille-pain.

Tartinez-les avec le mélange tomate/mozzarella. Avant de servir, lavez puis ciselez le basilic et répartissez-le sur les tartines.

CROQUE-MADAME À LA TOMATE

4 pers. Prép. : 10 min – Cuisson : 5 à 10 min ***175 kcal/pers.***

4 tranches de pain de campagne • 4 œufs • 40 g de mimolette • 1 grosse tomate • 1 cuil. à soupe d'huile d'olive • sel fin, poivre noir du moulin

Réalisation

Préchauffez le four à 210 °C (th. 7). Pelez et épépinez la tomate, coupez-la en petits dés. Détaillez la mimolette en fines lamelles. Répartissez la tomate et le fromage sur deux tranches de pain et refermez avec les deux tranches restantes. Enfournez pendant 5 à 10 minutes.

Dans une poêle à revêtement antiadhésif, faites cuire les œufs au plat. Salez et poivrez à votre convenance. Déposez sur les croques juste sortis du four et servez aussitôt.

CROQUE SAUMON

4 pers. Préparation : 10 min – Cuisson : 10 min **105 kcal/pers.**

4 tranches de pain de mie • 2 tranches de saumon fumé • 1 tomate bien mûre • 4 tranches fines de mozzarella allégée • sel fin, poivre noir concassé

Réalisation

Beurrez les tranches de pain de mie sur une seule face. Coupez le saumon en lamelles, répartissez-les sur la face beurrée des tranches de pain. Préchauffez le four à 210 °C (th. 7).

Pelez et épépinez la tomate, coupez la chair en petits dés, disposez-les sur le saumon. Ajoutez la mozzarella et recouvrez avec une tranche de pain de mie. Disposez les croques dans un plat à four. Laissez cuire pendant quelques minutes jusqu'à ce que la mozzarella fonde. Servez bien chaud.

CROSTINIS AUX ANCHOIS

4 pers. Préparation : 15 min **156 kcal/pers.**

4 carrés frais • 4 tranches de pain de campagne • 1 boîte d'anchois à l'huile d'olive • 10 tomates confites • 2 gousses d'ail • Tabasco • sel fin, poivre noir du moulin

Réalisation

Coupez en petits morceaux les tomates confites et les anchois. Épluchez et écrasez l'ail, ajoutez-le au mélange précédent.

Incorporez les carrés frais, mélangez bien. Relevez de Tabasco et assaisonnez à votre convenance.

Faites griller les tranches de pain de campagne. Tartinez-les généreusement avec la préparation alors qu'elles sont encore chaudes. Servez aussitôt.

PAINS PITA AU BŒUF ET AUX ÉPICES

4 pers. Préparation : 15 min – Cuisson : 15 min ***286 kcal/pers.***

4 pains pita • 400 g de bœuf haché à 5 % de MG • 2 œufs • 3 tomates • 2 cuil. à soupe de gruyère râpé allégé • 2 cuil. à soupe d'huile d'olive extra vierge • cumin en poudre • curry en poudre • coriandre fraîche • sel fin, poivre du moulin

Réalisation

Pelez et épépinez les tomates, coupez la pulpe en petits dés. Dans une poêle, faites revenir le bœuf dans un peu d'huile d'olive. Ajoutez les tomates. Assaisonnez de cumin, curry, sel et poivre du moulin.

Préchauffez le four à 210 °C (th. 7). Cassez les œufs dans la préparation puis ajoutez le gruyère râpé. Laissez cuire jusqu'à ce que les œufs soient pris. Parsemez de coriandre ciselée.

Fendez les pains en deux et répartissez équitablement la garniture. Passez sous le gril du four pendant quelques minutes et servez aussitôt.

SAUMON FUMÉ À LA MOUSSE DE POIVRE VERT

4 pers. Préparation : 10 min – Réfrigération : 1 à 2 h *173 kcal/pers.*

4 belles tranches de saumon fumé • 4 tranches de pain de mie complet • 1 cuil. à soupe de poivre vert en grains • 1 échalote • 1 citron vert • 2 cuil. à soupe d'huile d'olive

Réalisation

Extrayez le jus du citron vert au presse-fruits. Passez le poivre vert, l'échalote pelée, l'huile et le jus de citron au mixeur jusqu'à obtenir une purée homogène. Réservez au frais.

Faites dorer les tranches de pain de mie sous le gril du four des deux côtés, badigeonnez-les de sauce et disposez sur chacune une tranche de saumon. Servez frais.

TARTE AU SAUMON ET AUX ÉPINARDS

4 pers. Préparation : 35 min – Repos : 1 h – Cuisson : 25 min *551 kcal/pers.*

Pour la pâte : 150 g de farine complète • 70 g de flocons d'avoine • 3 cuil. à soupe d'huile d'olive • 4 pincées de sel

Pour la garniture : 200 g d'épinards hachés surgelés • 200 g de saumon frais • 1 cuil. à café d'aneth • 30 g de gruyère râpé • 2 œufs • 200 g de fromage blanc à 0 % de MG • 10 cl de lait demi-écrémé • sel

Réalisation

Préparez la pâte en mélangeant les ingrédients avec 5 cl d'eau, laissez-la reposer 1 heure, et abaissez-la dans un moule garni d'une feuille de papier sulfurisé légèrement beurré. Préchauffez votre four à 180 °C (th. 6).

Battez les œufs avec le fromage blanc puis le lait. Ajoutez l'aneth et le gruyère râpé. Salez. Coupez le saumon en petits dés. Disposez les épinards décongelés sur la tarte, répartissez le saumon au-dessus puis versez la préparation au fromage blanc.

Placez au four et laissez cuire la tarte environ 25 à 30 minutes. Servez chaud ou tiède.

TARTE FINE AUX ANCHOIS

4 pers. Préparation : 15 min – Cuisson : 25 min ***238 kcal/pers.***

200 g de pâte feuilletée • 100 g de tomates pelées • 24 filets d'anchois • 1 cuil. à soupe d'huile de conservation des anchois • 1 cuil. à soupe d'herbes de Provence séchées • poivre noir concassé

Réalisation

Préchauffez le four à 200 °C (th. 6/7). Déroulez la pâte sur son papier sulfurisé, posez-la sur votre plan de travail. Formez des ronds de pâte de 8 à 10 cm de diamètre. Piquez-les de quelques coups de fourchette, repliez un peu les bords pour faire un petit bourrelet en humidifiant la pâte pour qu'elle adhère.

Badigeonnez les fonds de tarte de tomates pelées. Poivrez généreusement. Disposez dessus les filets d'anchois égouttés. Arrosez d'un léger filet d'huile, saupoudrez d'herbes de

Provence. Enfournez et laissez cuire pendant 25 minutes environ. Servez dès la sortie du four.

TARTE FINE AUX HERBES

4 pers. Préparation : 10 min – Cuisson : 30 min **262 kcal/pers.**

250 g de pâte feuilletée • 100 g de brousse (fromage de brebis) • 2 cuil. à soupe d'huile d'olive • 2 bouquets d'herbes aromatiques variées (cerfeuil, persil, basilic...) • sel, poivre du moulin

Réalisation

Préchauffez le four à 200°C (th. 6/7). Déroulez la pâte sur son papier sulfurisé, posez-la sur votre plan de travail. Formez des ronds de pâte de 8 à 10 cm de diamètre. Piquez-les de quelques coups de fourchette, repliez un peu les bords pour faire un petit bourrelet en humidifiant la pâte pour qu'elle adhère.

Lavez et ciselez les herbes fraîches. Répartissez la brousse et les herbes sur la pâte, salez et poivrez.

Arrosez d'un filet d'huile d'olive et enfournez pendant 20 à 25 minutes. Servez chaud ou tiède.

TARTINE AU MAGRET DE CANARD

4 pers. Préparation : 10 min – Cuisson : 5 min **129 kcal/pers.**

4 tranches de pain aux noix • 100 g de magret séché • 40 g de roquefort • 40 g de tomates séchées • poivre noir du moulin

Réalisation

Répartissez les tomates séchées sur les tranches de pain, ajoutez le fromage émietté et recouvrez de fines tranches de magret, passez sous le gril pendant 5 minutes et servez aussitôt.

TARTINE AUX POIRES ET AU BLEU

4 pers. Préparation : 10 min – Cuisson : 10 min **72 kcal/pers.**

4 grandes tranches de pain de campagne • 40 g de bleu d'Auvergne • 4 tranches de poires au sirop • quelques feuilles de mâche • fleur de sel, poivre noir du moulin

Réalisation

Égouttez les poires et détaillez-les en fines lamelles. Lavez la mâche et disposez les feuilles sur les tranches de pain. Disposez les poires

en corolles, salez modérément et poivrez à votre convenance. Émiettez le fromage et disposez sur les fruits. Passez sous le gril du four avant de servir bien chaud.

TARTINE THON ET AVOCAT

4 pers. Préparation : 10 min *161 kcal/pers.*

4 grandes tranches de pain complet • 1 avocat bien mûr • ½ citron jaune • 1 boîte de thon au naturel • ciboulette • poivre noir du moulin

Réalisation

Pressez le demi-citron. Ouvrez l'avocat, retirez le noyau et prélevez la chair. Réduisez-la en purée, ajoutez le jus de citron, salez et poivrez à votre convenance. Lavez et ciselez la ciboulette.

Étalez la purée d'avocat sur les tranches de pain grillé, ajoutez le thon émietté et la ciboulette ciselée. Servez aussitôt.

TARTINE TOMATES-CHÈVRE AU MIEL

4 pers. Préparation : 10 min – Cuisson : 5 min *189 kcal/pers.*

4 tranches de pain de seigle • 2 tranches de jambon de pays (type jambon de Bayonne) • 200 g de fromage de chèvre frais • 2 tomates bien mûres • 2 cuil. à soupe de miel liquide • 2 cuil. à soupe d'huile d'olive extra vierge • 1 cuil. à soupe d'herbes de Provence • poivre du moulin

Réalisation

Dans un bol, mélangez à la fourchette le chèvre et le miel avec un peu de sel et de poivre. Pelez et épépinez les tomates, coupez-les en dés. Disposez-les sur les tranches de pain. Superposez sur chacune quelques lanières de jambon cru. Ajoutez le mélange chèvre/miel. Arrosez d'huile et saupoudrez d’herbes de Provence. Passez sous le gril du four pendant quelques minutes et servez aussitôt.

Entrées et salades légères

BETTERAVE RÂPÉE AUX NOISETTES

4 pers. Préparation : 15 min *210 kcal/pers*

1 betterave crue • 4 cuil. à soupe de noisettes entières • 2 cuil. à soupe d'huile de noisette • 1 cuil. à soupe de vinaigre de xérès • 1 bouquet de cerfeuil frais • fleur de sel, poivre noir du moulin

Réalisation

Pelez et râpez la betterave. Concassez grossièrement les noisettes. Préparez la vinaigrette en mélangeant l'huile, le vinaigre, sel et poivre. Disposez le râpé de betterave dans un plat creux, nappez de sauce puis ajoutez-y le concassé de noisettes.

Ciselez le cerfeuil au dernier moment et mêlez-le à la salade avant de servir.

CAKE SALÉ AU CUMIN

4 pers. Préparation : 15 min – Cuisson : 45 min *285 kcal/pers.*

160 g de farine • 3 œufs moyens • 80 g de gruyère râpé allégé • 2 cuil. à soupe d'huile d'olive • 1 sachet de levure chimique • 10 cl de lait écrémé • 2 cuil. à soupe de graines de cumin • sel, poivre du moulin

Réalisation

Préchauffez le four à 180 °C (th. 6). Dans une jatte, mélangez la farine, la levure et le cumin. À part, battez les œufs, ajoutez-y l'huile, le lait, puis assaisonnez à votre convenance. Mélangez les deux préparations dans un grand saladier. Incorporez le gruyère râpé.

Versez cette préparation dans un moule à cake garni de papier sulfurisé. Enfournez et laissez cuire 40 minutes environ.

CAROTTES À L'ORANGE

4 pers. Préparation : 10 min — *87 kcal/pers.*

4 carottes • 1 citron jaune non traité • 1 orange • 2 cuil. à soupe d'huile d'olive extra vierge • sel fin, poivre du moulin

Réalisation

Épluchez puis râpez les carottes au robot ménager. Extrayez le jus de l'orange puis râpez le zeste du citron. Mouillez les carottes de jus d'orange, ajoutez l'huile d'olive et mélangez.

Assaisonnez à votre convenance et décorez de quelques zestes d'agrume. Placez au frais jusqu'au moment de servir.

CARPACCIO DE CRUDITÉS ET BROCHETTES DE MELON ET NECTARINES

4 pers. Préparation : 25 min – Cuisson : 20 min — *143 kcal/pers.*

300 g de concombre • 300 g de tomates olive • 100 g de radis roses • 1 petit melon • 400 g de nectarines blanches • 100 g de fromage blanc • 1 citron • quelques feuilles de basilic fraîches • 1 cuil. à café de graines de sésame • 1 cuil. à café de son d'avoine • sel, poivre

Réalisation

Lavez et parez les crudités. Coupez le concombre, les tomates et les radis en tranches fines. Sur un plat, répartissez bien les rondelles de tomate, recouvrez avec celles de concombre puis les radis.

Préparez la sauce en mélangeant le fromage blanc avec le jus du citron, les feuilles de basilic ciselées, du sel et du poivre puis versez-la sur les crudités. Coupez les melons et les nectarines en cubes de 2 cm de côté.

CAVIAR D'AUBERGINES

4 pers. Préparation : 15 min – Cuisson : 10 min ***134 kcal/pers.***

600 g d'aubergines, soit 2 à 3 • 4 gousses d'ail • 4 cuil. à soupe d'huile d'olive • sel fin, poivre du moulin

Réalisation

Coupez les extrémités des aubergines, détaillez la chair en rondelles. Disposez-les dans le panier supérieur d'un auto cuiseur et fermez-le. Dès que la vapeur s'échappe, réduisez le feu et laissez cuire 10 minutes. Retirez les aubergines et laissez-les refroidir. Épluchez les gousses d'ail, réduisez-les en purée.

Passez la chair d'aubergines au mixer et ajoutez l'ail. Incorporez petit à petit l'huile d'olive tout en remuant continuellement. Assaisonnez et servez frais avec des tartines de pain grillé.

CHAMPIGNONS À LA GRECQUE

4 pers. Préparation : 15 min – Cuisson : 5 min ***118 kcal/pers.***

600 g de champignons de Paris • 10 cl de vin blanc sec • 1 citron • 3 cuil. à soupe d'huile d'olive • 1 oignon • 1 cuil. à soupe de concentré de tomate • quelques graines de coriandre • sel fin, poivre du moulin

Réalisation

Épluchez et hachez l'oignon. Pressez le citron.

Coupez les pieds terreux des champignons, lavez-les, essuyez-les et coupez-les en deux ou en quatre. Dans votre autocuiseur, faites chauffer l'huile et jetez-y l'oignon haché.

Mouillez avec le vin blanc, 10 cl d'eau et le jus de citron. Ajoutez le concentré de tomate, les graines de coriandre et les champignons coupés. Salez et poivrez. Fermez votre autocuiseur et laissez cuire 5 minutes sur feu doux.

Laissez refroidir et placez au réfrigérateur jusqu'au moment de servir.

CITRONS FARCIS AU THON

4 pers. Préparation : 30 min **83 kcal/pers.**

4 citrons jaunes • 1 boîte de thon au naturel • 2 branches de céleri • 1 cuil. à soupe d'olive extra vierge • 1 cuil. à café de moutarde de Dijon • ½ cuil. à café de vinaigre de vin • 1 cuil. à soupe de câpres • 2 gousses d'ail • quelques branches de persil plat • paprika doux en poudre • sel fin, poivre du moulin

Réalisation

Coupez la partie supérieure des citrons puis évidez-les à l'aide d'une cuillère. Coupez la base des citrons en prenant garde de ne pas entamer la chair. Pressez la pulpe des fruits et réservez-la. Lavez puis hachez finement le persil et le céleri. Épluchez l'ail et écrasez-le. Égouttez le thon et émiettez-le.

Mélangez le thon, le hachis préalablement préparé, l'ail et les câpres. Préparez une vinaigrette avec la moutarde, l'huile et le vinaigre. Assaisonnez à votre convenance. Ajoutez le jus de citron précédemment récolté.

Nappez la farce de vinaigrette et mélangez. Garnissez les citrons et saupoudrez de paprika. Servez aussitôt.

CLAFOUTIS DE PROVENCE

4 pers. Préparation : 15 min – Cuisson : 10 min **130 kcal/pers.**

3 œufs de gros calibre • 100 g de crème fraîche épaisse à 5 % de MG • 1 cuil. à soupe de Maïzena • 10 cl de lait écrémé • 1 grosse courgette • 4 tomates cerise • 1 cuil. à soupe d'olives noires dénoyautées • 1 cuil. à soupe d'huile d'olive • 2 branches de thym • fleur de sel, poivre du moulin

Réalisation

Préchauffez le four à 210 °C (th. 7). Rincez puis coupez les tomates cerise en quartiers. Coupez les olives en rondelles. Pelez la courgette et coupez-la en petits dés. Faites chauffer l'huile dans une sauteuse et jetez-y les légumes. Laissez-les dorer quelques minutes à feu vif. Arrêtez la cuisson et réservez.

Dans un saladier, battez les œufs. Incorporez ensuite le lait, la crème fraîche, la Maïzena, le thym émietté, du sel et du poivre puis mélangez délicatement. Ajoutez les légumes et rectifiez l'assaisonnement si nécessaire. Tapissez quatre moules à tartelettes individuels de papier sulfurisé. Garnissez-les avec la préparation œufs-légumes.

Enfournez et laissez cuire pendant une dizaine de minutes. Le dessus du clafoutis doit être légère ment doré. Servez chaud avec une salade verte ou un mesclun aromatisé au vinaigre de xérès.

COURGETTES FARCIES AU CRABE

4 pers. Préparation : 20 min – Cuisson : 45 min **104 kcal/pers.**

3 belles courgettes • 300 g de miettes de crabe • 70 g de concentré de tomates • 3 oignons nouveaux • 1 gousse d'ail • 1 citron • 15 cl de bouillon • sel, poivre

Réalisation

Préchauffez votre four à 180 °C (th. 6). Lavez les courgettes, retirez les pédoncules, coupez-les en deux dans la longueur puis en deux dans la largeur. Creusez légèrement le cœur des courgettes à l'aide d'une cuillère à café. Déposez-les bien serrées dans un plat allant au four.

Préparez la farce : pelez, coupez puis mixez les oignons finement. Mélangez les miettes de crabe avec le concentré de tomates, l'ail écrasé, les oignons, le jus du citron, salez et poivrez.

Répartissez la farce au cœur de chaque courgette, arrosez de bouillon, placez au four pour 45 minutes. Servez bien chaud.

Conseil : *un barbecue de prévu ? Pensez à accompagner votre viande de légumes : tians, flans, gratins, salades… Vous avez l'embarras du choix pour les accompagner de façon agréable tout en restant diététique. Vous êtes invité chez vos voisins pour déguster des grillades ? Pas de problème, proposez d'amener une belle salade, ce sera toujours mieux que d'être confronté au paquet de chips !*

ÉMINCÉ D'AVOCAT À LA CRÈME DE CERFEUIL

4 pers. Préparation : 20 min *265 kcal/pers.*

2 avocats bien mûrs • 100 g de tomates cerise • 4 cuil. à soupe de crème fraîche allégée • 4 cuil. à soupe de yaourt nature au lait écrémé • 1 cuil. à soupe d'huile de noix ou de pépins de raisin • 1 cuil. à café de moutarde à l'ancienne • ½ citron • quelques herbes aromatiques finement hachées • cerfeuil en branches • sel, poivre du moulin

Réalisation

Dans une jatte, mélangez la crème fraîche avec le yaourt et la moutarde. Ajoutez l'huile et les fines herbes. Salez et poivrez. Nettoyez et coupez grossièrement les branches de cerfeuil. Ajoutez le hachis à la sauce au yaourt.

Coupez les avocats en deux, pelez-les et retirez-en les noyaux. Détaillez-les en fines lamelles et disposez-les en éventail sur quatre assiettes de service. Arrosez-les de jus de citron pour éviter qu'elles ne noircissent.

Nappez les avocats de sauce. Décorez de tomates cerise et de quelques brins de cerfeuil.

FENOUIL MARINÉ AU CITRON VERT

4 pers. Préparation : 15 min — ***66 kcal/pers.***

1 lime (citron vert) • 1 bulbe de fenouil • 2 cuil. à soupe d'huile d'olive extra vierge • quelques brins d'aneth • fleur de sel, poivre rose concassé

Réalisation

Coupez le bulbe de fenouil en morceaux. Extrayez le jus et râpez le zeste du citron. Mélangez tous les ingrédients et arrosez-les d'huile d'olive.

Lavez puis ciselez l'aneth. Ajoutez-le à la préparation précédente. Assaisonnez à votre convenance et mélangez. Répartissez le fenouil dans des verrines transparentes et placez-les au frais jusqu'au moment de servir.

FÉROCE D'AVOCAT

4 pers. Préparation : 15 min – Cuisson : 10 min — ***369 kcal/pers.***

2 avocats bien mûrs • 100 g de farine de manioc • 200 g de morue fraîche • 2 cuil. à soupe d'huile d'arachide • 1 cuil. à soupe de vinaigre de vin • 1 pincée de piment en poudre • sel fin

Réalisation

Ouvrez les avocats en deux, ôtez les noyaux et prélevez la chair. Écrasez-la à la fourchette et mélangez-la à la farine de manioc. Façonnez des boulettes du bout des doigts et réservez-les au frais. Faites griller la morue à sec (sur le gril du barbecue si possible) avant de la mixer au robot ménager.

Préparez une vinaigrette avec l'huile, le vinaigre, la poudre de piment et une pincée de sel. Ajoutez-y la purée de morue. Servez la morue avec les boulettes de manioc à l'avocat.

et enfournez pendant 5 minutes environ. Au moment de servir, les feuilles doivent être dorées et croquantes et le fromage légèrement fondu.

FEUILLES DE BRICK À LA PROVENÇALE

4 pers. Préparation : 20 min – Cuisson : 15 min ***242 kcal/pers.***

12 feuilles de brick • 100 g de mozzarella allégée • 1 dizaine d'olives vertes dénoyautées • 4 tomates moyennes • 2 branches de thym • 2 cuil. à soupe d'huile d'olive extra vierge • fleur de sel, poivre du moulin

Réalisation

Préchauffez le four à 180 °C (th. 6). Détaillez les tomates en petits dés et émiettez le thym. Coupez la mozzarella en fines tranches. Faites chauffer une cuillerée d'huile dans une sauteuse. Lorsqu'elle est bien chaude, mettez les morceaux de tomates, la moitié du thym, une pincée de sel et du poivre. Réduisez le feu et laissez mijoter pendant 10 minutes environ en remuant de temps à autre.

Étalez les feuilles de brick sur votre plan de travail et huilez-les au pinceau. Superposez les feuilles deux par deux. Garnissez le centre de chaque feuille de fondue de tomates. Répartissez la mozzarella et les olives détaillées en fines rondelles. Parsemez du reste de thym. Fermez les feuilles de brick de manière à former des papillotes

FROMAGE FRAIS, HUILE VIERGE ET RATATOUILLE GLACÉE

4 pers. Préparation : 15 min – Cuisson : 5 min **52 kcal/pers.**

200 g de ratatouille surgelée • 1 cuil. à soupe de fromage blanc à 0 % de MG • 50 g de fromage de chèvre frais • 1 branche de basilic frais • 1 cuil. à soupe de pignons de pin • 1 cuil. à soupe d'huile d'olive extra vierge • Fleur de sel, poivre noir concassé

Réalisation

Réservez quelques feuilles de basilic pour la décoration. Préparez la ratatouille comme indiqué sur l'emballage. Stoppez la cuisson et réservez au frais. Dans une jatte, fouettez le fromage blanc et le fromage frais. Salez et poivrez à votre convenance.

Lavez et ciselez le basilic. Concassez les pignons de pin. Dans une jatte, mélangez l'huile, le basilic et les pignons. Ajoutez cette préparation à la ratatouille froide et mélangez.

Dressez les verrines en procédant par strates : garnissez le fond des verrines de ratatouille froide puis ajoutez le mélange au fromage frais. Décorez de feuilles de basilic et placez au frais jusqu'au moment de servir.

GRANITÉ À LA PASTÈQUE

4 pers. Préparation : 30 min – Congélation : 6 h **122 kcal/pers.**

600 g de chair de pastèque • 4 cuil. à soupe de sirop de sucre de canne • 10 cl de jus de citron • 2 cuil. à soupe de sucre cristallisé

Réalisation

Réduisez la chair de la pastèque au mixeur jusqu'à obtenir une purée homogène. Faites frémir 30 cl d'eau dans une casserole sans la faire bouillir. Ajoutez le sucre et laissez-le fondre sur feu doux. Hors du feu, ajoutez le jus de citron et le sirop de sucre de canne. Laissez refroidir puis incorporez la purée de fruit.

Versez le mélange dans un récipient hermétique et fermez. Placez-le au congélateur pendant au moins 6 heures.

De temps à autre, griffez le granité à la fourchette pour le réduire en paillettes. Au moment de servir, répartissez-le dans des coupes à glace ou à champagne.

MILLE-FEUILLES DE POIVRONS AU THON

4 pers. Préparation : 15 min – Cuisson : 5 min **135 kcal/pers.**

2 à 3 poivrons rouges • 100 g de thon au naturel • 2 cuil. à soupe de câpres • 1 gousse d'ail • 1 oignon blanc • 1 cuil. à soupe d'huile d'olive • 1 citron • quelques feuilles de mâche pour la décoration • ciboulette • sel, poivre du moulin

Réalisation

Équeutez les poivrons, coupez-les en deux ou en quatre dans le sens de la longueur et épépinez-les. Retirez la partie blanche à l'intérieur. Passez-les sous le grill du four jusqu'à ce que la peau noircisse et se boursoufle. Laissez-les refroidir.

Pelez les poivrons. Égouttez le thon, écrasez-le à la fourchette. Pressez le citron.

Épluchez et hachez finement l'ail et l'oignon. Coupez grossièrement les câpres et ciselez la ciboulette.

Dans un bol, mélangez le jus de citron, le fromage blanc, l'ail et l'oignon hachés, les câpres, la ciboulette et assaisonnez le tout à votre convenance.

Tartinez un carré de poivron avec cette préparation, recouvrez-la d'un peu de thon. Recommencez l'opération une seconde fois et terminez par un carré de poivron. Reliez les mille-feuilles au moyen d'un cure-dents. Procédez de la sorte jusqu'à épuisement des ingrédients. Disposez les mille-feuilles sur un plat garni de mâche et décorez avec quelques brins de ciboulette.

MILLE-FEUILLES DE TOMATES AU CHÈVRE FRAIS

4 pers. Préparation : 25 min ***128 kcal/pers.***

4 tomates moyennes • 2 chèvres frais • 2 cuil. à soupe d'huile d'olive extra vierge • 1 cuil. à soupe de vinaigre balsamique • quelques branches de basilic frais • origan frais • fleur de sel

Réalisation

Détaillez les tomates en tranches fines et régulières. Salez-les modérément. Tranchez le chèvre en rondelles. Dans une jatte, mélangez l'huile et le vinaigre. Ciselez les herbes fraîches.

Dressez quatre assiettes de service : disposez en leur centre une rondelle de tomate. Imbibez de vinaigrette. Placez dessus une tranche de chèvre préalablement roulée dans les herbes ciselées. Constituez des strates jusqu'à épuisement des ingrédients.

Servez avec des tranches de pain de campagne légèrement dorées au four.

MOUSSE DE FOIES AROMATISÉE AU VINAIGRE DE FRAMBOISES

4 pers. Préparation : 20 min – Cuisson : 10 min **56 kcal/pers.**

100 g de foies de volaille • 10 g de beurre allégé • 1 oignon jaune • 4 cuil. à soupe de vinaigre de framboise • 1 cuil. à soupe de crème fraîche à 5 % de MG • Fleur de sel • Baies roses concassées

Réalisation

Parez les foies de volaille et faites-les revenir sur feu vif dans une poêle à revêtement antiadhésif beurrée. Salez et poivrez modérément. Pelez et détaillez l'oignon en rondelles. Ajoutez-le aux foies de volaille, réduisez le feu et laissez dorer quelques minutes.

Déglacez au vinaigre et liez avec la crème. Rectifiez l'assaisonnement si nécessaire. Stoppez la cuisson, placez tous les ingrédients dans le bol de votre robot et mixez à pleine puissance.

Répartissez la mousse dans des verrines et placez au frais jusqu'au moment de servir.

MOUSSE DE POTAGER

4 pers. Préparation : 15 min – Réfrigération : 2 h **57 kcal/pers.**

1 betterave rouge • 200 g de radis roses • 2 carottes jeunes • 100 g de fromage blanc à 0 % de MG • 1 citron jaune • 8 à 10 feuilles de menthe

Réalisation

Lavez et épluchez les carottes. Coupez les carottes et la betterave en petits dés. Mixez-les avec le jus du citron (réservez deux fines rondelles pour la décoration), le fromage blanc et les feuilles de menthe (réservez quatre belles feuilles pour la décoration). Salez, poivrez. Versez dans des verrines et décorez avec la menthe et de petits morceaux de citron. Placez au frais pendant 2 heures et servez très frais.

Conseil : *pensez aux drainants, ils permettent d'éliminer un surplus d'eau dans les tissus, aident à relancer la circulation sanguine, à éliminer les toxines et à lutter contre la cellulite. En les associant à un régime équilibré, ce sont de vrais alliés minceur : queue de cerise, pissenlit, hamamélis, vigne rouge, cassis… à faire en cures tout au long de l'année.*

MOUSSELINE DE CITRON VERT AUX CREVETTES MARINÉES

4 pers. Préparation : 30 min

118 kcal/pers.

200 g de fromage à 0 % de MG • 2 cuil. à soupe de crème liquide légère • 1 citron vert • 1 cuil. à soupe d'huile d'olive extra vierge • 200 g de crevettes roses décortiquées • quelques feuilles de menthe fraîche • fleur de sel, poivre noir du moulin

Réalisation

Hachez grossièrement les crevettes. Lavez et ciselez la menthe fraîche. Râpez le zeste du citron et extrayez-en le jus. Dans une jatte, mélangez le hachis de crevette, l'huile, une cuillerée de jus de citron, les zestes puis salez et poivrez modérément. Réservez au frais.

Fouettez la crème liquide bien froide en Chantilly. Dans un bol, mélangez délicatement le fromage blanc et la crème fouettée. Incorporez le jus de citron. Poivrez.

Répartissez la mousse de fromage blanc dans quatre verres transparents. Versez une couche de hachis mariné. Décorez avec les feuilles de menthe et placez au réfrigérateur jusqu'au moment de servir.

POIRES FARCIES AU ROQUEFORT

4 pers. Préparation : 15 min — *137 kcal/pers.*

4 poires Williams • ½ citron jaune • 80 g de roquefort • 100 g de fromage blanc à 0 % de MG • paprika en poudre

Réalisation

Pressez le demi-citron. Pelez les poires et coupez-les en deux. Débarrassez-les de leur partie centrale ligneuse et retirez-en les pépins. Évidez-les légèrement puis citronnez-les. Malaxez le roquefort en pommade puis incorporez le fromage blanc.

Farcissez les poires de ce mélange. Saupoudrez de paprika et placez au frais jusqu'au moment de servir.

POIVRONS DES LANDES FARCIS AU FROMAGE FRAIS

4 pers. Préparation : 15 min — *61 kcal/pers.*

8 poivrons longs des Landes • 200 g de fromage frais à 0 % de MG • 1 oignon jaune • 1 botte de ciboulette • 1 cuil. à soupe de moutarde de Dijon • 2 cuil. à soupe de raisins de Corinthe • paprika en poudre • cumin • sel fin

Réalisation

Débarrassez les poivrons de leur pédoncule et évidez-les. Dans une jatte, mélangez le fromage frais, l'oignon haché, la ciboulette ciselée, la moutarde et les raisins secs. Assaisonnez à votre convenance. Farcissez les poivrons avec la préparation précédente et placez au réfrigérateur.

Juste avant de servir, détaillez les piments en rondelles d'environ 1 cm d'épaisseur et réalisez des bouchées en les piquant avec des cure-dents.

RÂPÉ DE RADIS ROSES AU FROMAGE BLANC

4 pers. Préparation : 15 min ***37 kcal/pers.***

1 botte de radis roses • 200 g de fromage blanc à 0 % de MG • Quelques brins de ciboulette • 1 cuil. à soupe de moutarde à l'ancienne • Fleur de sel, poivre noir du moulin

Réalisation

Nettoyez les radis, coupez-en les extrémités et râpez-les grossièrement. Dans une jatte, mélangez le fromage blanc, la moutarde, le sel et le poivre. Lavez et ciselez la ciboulette.

Procédez par strates : au fond des verres, répartissez le fromage lissé, puis ajoutez-y le râpé de radis avant de terminer avec la ciboulette ciselée. Réservez au frais jusqu'au moment de servir.

RICOTTA, BASILIC ET TOMATES SÉCHÉES

4 pers. Préparation : 15 min – Cuisson : 1 min ***97 kcal/pers.***

8 tomates séchées • 2 cuil. à soupe de raisins de Corinthe • 80 g de ricotta • 1 branche de basilic frais • 1 cuil. à soupe d'huile d'olive extra vierge • Fleur de sel, poivre noir concassé

Réalisation

Portez un verre d'eau à ébullition et stoppez aussitôt la cuisson. Laissez-y gonfler les raisins de Corinthe pendant quelques minutes. Dans une jatte, fouettez la ricotta, ajoutez les raisins égouttés, salez et poivrez à votre convenance. Réservez au frais.

Hachez grossièrement les tomates séchées. Lavez et ciselez le basilic. Mêlez-le à l'huile d'olive. Dressez les verrines en procédant par strates : garnissez les verrines de tomates, ajoutez la ricotta puis le basilic haché. Placez au frais jusqu'au moment de servir.

RILLETTES DE LAPIN AU RIESLING

4 pers. Préparation : 15 min – Cuisson : 10 min **170 kcal/pers.**

300 g de chair de lapin cuite • 1 carotte moyenne • 1 oignon jaune • 2 cuil. à soupe de crème épaisse allégée à 5 % de MG • 1 cuil. à café de jus de citron • 5 cl de riesling • 4 tranches de pain de campagne ou de seigle • sel fin, baies roses en grains

Réalisation

Épluchez puis détaillez la carotte et l'oignon en fine julienne. Placez-les dans une casserole, couvrez d'eau, ajoutez le vin blanc et une pincée de sel. Égouttez et laissez refroidir.

Salez et poivrez la chair du lapin puis mixez-la à pleine puissance. Incorporez le jus de citron, la crème fraîche et la julienne de légumes aromatisée au vin blanc. Mélangez et rectifiez l'assaisonnement si nécessaire. Faites dorer les tranches de pain sous le gril du four. Tartinez-les généreusement et placez-les au frais jusqu'au moment de servir.

RILLETTES DE SAUMON AUX BAIES ROSES

4 pers. Préparation : 10 min **123 kcal/pers.**

200 g de chair de saumon cuite • 2 cuil. à soupe de fromage blanc à 0 % de MG • ½ citron jaune • 2 cuil. à soupe de baies roses concassées • sel fin, poivre noir du moulin

Réalisation

Pressez le citron pour n'en conserver que le jus. Réduisez la chair de saumon à la fourchette. Ajoutez un peu de sel et de poivre, le fromage blanc, le jus de citron puis les baies roses. Mélangez bien.

Répartissez la mousse dans quatre petits verres. Réservez au frais en attendant de servir.

SALADE À L'ANANAS

4 pers. Préparation : 15 min ***214 kcal/pers.***

400 g d'ananas frais • 1 melon • 1 petit avocat • 200 g de concombre • 1 citron vert • 2 cuil. à soupe d'huile de colza • 1 cuil. à soupe de vinaigre de framboises • sel, poivre

Réalisation

Coupez et évidez le melon. Coupez-le en cubes. Coupez l'ananas en huit, retirez le centre et la peau, coupez-le en morceaux. Coupez l'avocat en deux, retirez le noyau. Coupez la moitié de l'avocat en lamelles (réservez l'autre moitié). Lavez, épluchez et coupez le concombre en morceaux. Au final, la taille des morceaux de melon, de concombre et d'ananas doit être identique. Mélangez le tout dans un saladier.

Préparez la sauce : écrasez le demi-avocat restant, mélangez-le au jus de citron, ajoutez l'huile et le vinaigre, salez et poivrez. Assaisonnez la salade avec cette sauce et servez frais.

Conseil : *vous pouvez aussi présenter cette salade en verrines en superposant des couches d'ananas, de melon et de concombre et en insérant un peu de sauce entre les couches. Décorez avec les lamelles d'avocat.*

SALADE AROMATIQUE

4 pers. Préparation : 15 min **99 kcal/pers.**

1 poignée de feuilles de menthe • 1 poignée de feuilles de basilic • 1 poignée de feuilles de coriandre • quelques feuilles d'estragon • 100 g de mesclun • 30 g de cerneaux de noix • 1 cuil. à soupe d'huile d'olive • 1 cuil. à soupe d'huile de noix • 1 cuil. à soupe de vinaigre balsamique • 1 cuil. à soupe de vinaigre de framboise • 1 cuil. à café de moutarde • sel

Réalisation

Rincez bien l'ensemble des feuilles aromatiques, séchez-les sur du papier absorbant. Lavez et essorez la salade de mesclun. Dans un saladier, préparez la vinaigrette en mélangeant la moutarde avec les vinaigres, l'huiles et la moutarde, salez. Déposez la salade de mesclun et les feuilles aromatiques.

Tournez la salade et décorez avec les cerneaux de noix. Servez.

SALADE ASIATIQUE

4 pers. Préparation : 35 min **123 kcal/pers.**

200 g de germes de soja • 200 g de crevettes roses décortiquées • 100 g de pousses de bambou • 100 g de champignons noirs • quelques feuilles de coriandre • 1 cuil. à soupe de sauce de soja • 1 cuil. à soupe d'huile de colza • 1 cuil. à soupe de vinaigre balsamique • 1 cuil. à café de moutarde • 1 cuil. à café de sucre • sel

Réalisation

Réhydratez les champignons noirs en les faisant tremper dans de l'eau tiède pendant 20 minutes. Mélangez-les avec les crevettes, les germes de soja et les pousses de bambou égouttées et séchées dans du papier absorbant. Parsemez de feuilles de coriandre.

Préparez la sauce en mélangeant la moutarde, le vinaigre, l'huile et la sauce de soja. Ajoutez le sucre et une pincée de sel, mélangez bien. Nappez la salade avec cette sauce et servez très frais.

SALADE AU CURRY

4 pers. Préparation : 15 min

68 kcal/pers.

4 tomates olive ou grappe • 100 g de poivron jaune • 100 g de poivron vert • 1 cuil. à café de curry • 2 cuil. à soupe d'huile d'olive • 1 cuil. à soupe de vinaigre balsamique • 1 cuil. à café de moutarde fine • sel

Réalisation

Lavez les poivrons et les tomates. Coupez les poivrons en deux, retirez les pédoncules et les pépins et coupez-les en lamelles. Coupez les tomates en petits cubes.

Versez le tout dans un saladier. Mélangez la moutarde, le vinaigre, l'huile, du sel et le curry, versez cette vinaigrette dans le saladier et mélangez bien le tout. Servez.

SALADE BRILLANTE

4 pers. Préparation : 20 min **147 kcal/pers.**

1 salade type feuille de chêne rouge • 20 tomates cerise • 40 g de carottes râpées • 2 oranges en quartiers • 150 g de crevettes bouquet décortiquées • 1 cuil. à café de confiture d'oranges amères • 2 cuil. à soupe d'huile d'olive • 2 cuil. à soupe de vinaigrette balsamique • 1 cuil. à café de moutarde • sel

Réalisation

Lavez et épluchez la salade, ciselez-la grossièrement. Lavez les tomates cerise, coupez-les en deux. Présentez la salade dans un saladier en la recouvrant des tomates, des quartiers d'orange, des crevettes et de carottes râpées.

Préparez la vinaigrette en mélangeant la moutarde, le vinaigre et l'huile d'olive. Mélangez la confiture avec la vinaigrette et versez sur la salade. Réservez au frais.

SALADE D'ARTICHAUTS AUX CREVETTES

4 pers. Préparation : 25 min – Cuisson : 20 min **152 kcal/pers.**

4 petits artichauts • cœur de céleri • 200 g de crevettes décortiquées • 150 g de tomates grappe • 100 g de tomates cerise • 2 cuil. à soupe d'huile d'olive • 2 cuil. à soupe de vinaigre balsamique • 1 cuil. à soupe de moutarde • 1 cuil. à café de basilic ciselé • 1 cuil. à café de baies roses • sel

Réalisation

Lavez les artichauts, plongez-les dans une casserole d'eau bouillante salée et laissez-les cuire pendant 20 minutes.

Pendant ce temps, lavez les tomates, coupez les tomates grappe en rondelles fines et les tomates cerise en deux. Lavez et émincez le cœur de céleri. Déposez les rondelles de tomates en rosace dans un plat et disposez dessus le céleri. Égouttez les artichauts, retirez les feuilles et coupez les cœurs en quartiers fins. Répartissez les quartiers d'artichaut sur le plat, ainsi que les crevettes.

Préparez la vinaigrette en mélangeant la moutarde avec le vinaigre et l'huile, salez. Versez la sauce sur la salade, décorez avec les baies roses et le basilic. Servez.

SALADE D'ASPERGES ET D'ÉPINARDS AUX LANGOUSTINES

4 pers. Préparation : 15 min – Cuisson : 12 min **214 kcal/pers.**

500 g de pointes d'asperge • 200 g de pousses d'épinard • 16 langoustines cuites et décortiquées • 1 cuil. à soupe d'huile de colza • 1 cuil. à soupe d'huile de noix • 2 cuil. à soupe de vinaigre balsamique • 1 cuil. à café de moutarde fine • sel, poivre

Réalisation

Lavez les pointes d'asperge et faites-les cuire 6 à 7 minutes dans l'eau frémissante. Égouttez-les délicatement, séchez-les à l'aide d'un papier absorbant et mettez-les dans un saladier. Lavez et égouttez bien les pousses d'épinard. Ajoutez-les aux pointes d'asperge.

Préparez la vinaigrette avec l'huile de colza, l'huile de noix, le vinaigre et la moutarde, salez, poivrez et assaisonnez la salade et mélangeant bien. Poêlez les langoustines pendant 5 minutes à feu doux. Déposez-les sur la salade et servez lorsqu'elles sont encore tièdes.

SALADE D'ENDIVES AU SAUMON FUMÉ

4 pers. Préparation : 15 min ***136 kcal/pers.***

150 g de saumon fumé • 2 endives • 2 oranges • 1 citron • 1 cuil. à soupe d'huile de pépins de raisin • 1 cuil. à café d'aneth • sel

Réalisation

Lavez puis coupez les endives afin de former de fines lanières. Découpez les quartiers d'orange et mélangez-les avec les endives dans un saladier. Mélangez le jus du citron avec l'huile, ajoutez l'aneth, le sel et assaisonnez la salade d'endives en mélangeant bien.

Coupez le saumon fumé en fines lanières et déposez-les sur la salade en formant une corolle. Servez.

SALADE DE BROCOLIS AU SOJA

4 pers. Préparation : 15 min – Cuisson : 15 min ***36 kcal/pers.***

400 g de brocolis en fleurettes • ½ poivron rouge • 120 g de germes de soja • 100 g de fromage blanc à 0 % de MG • 1 citron • 1 cuil. à soupe de vinaigre de framboise • quelques feuilles de cerfeuil • sel, poivre

Réalisation

Lavez les brocolis puis faites-les cuire à la vapeur pendant 15 minutes. Pendant ce temps, lavez et coupez le poivron, retirez les pépins puis tranchez la chair en lamelles. Rincez puis égouttez les germes de soja. Égouttez les brocolis. Mélangez les brocolis, le poivron et les germes de soja dans des ramequins individuels.

Préparez la sauce en mélangeant le fromage blanc avec le jus du citron, le vinaigre, le cerfeuil ciselé. Salez, poivrez et nappez la salade avec cette sauce. Servez frais.

SALADE DE CAROTTES À LA MAROCAINE

4 pers. Préparation : 15 min – Cuisson : 15 min ***84 kcal/pers.***

500 g de carottes jeunes • 2 gousses d'ail • ½ bouquet de coriandre • 3 cuil. à soupe de cumin en poudre • 2 cuil. à soupe d'huile d'olive • sel, poivre

Réalisation

Lavez et épluchez les carottes, coupez-les en rondelles très fines puis faites-les cuire à la vapeur pendant 15 à 20 minutes (elles doivent rester fermes). Ajoutez l'ail écrasé et laissez-les refroidir.

Dans un saladier, mélanger l'huile d'olive, la coriandre hachée, le cumin, du sel et du poivre. Ajoutez les carottes et mélangez bien. Servez.

Conseil : *vous pouvez tout aussi bien préparer cette salade avec des carottes râpées crues.*

SALADE DE CHOU-FLEUR

4 pers. Préparation : 20 min – Cuisson : 10 min **47 kcal/pers.**

300 g de chou-fleur • 150 g de mâche • 100 g de poivron rouge • 1 yaourt brassé à 0 % de MG • 1 cuil. à café de moutarde • 1 citron • quelques brins de ciboulette • sel, poivre

Réalisation

Lavez et parez le chou-fleur, coupez-le en fleurettes. Dans une grande casserole d'eau légèrement salée, faites cuire le chou-fleur pendant 10 minutes puis égouttez-le. Lavez et essorez la mâche. Lavez puis coupez le poivron, retirez les pépins et coupez la chair en lanières. Mélangez le chou-fleur, la mâche et le poivron dans un saladier.

Préparez la sauce : mélangez le yaourt avec le jus du citron, la moutarde, du sel, du poivre et la ciboulette ciselée. Nappez puis mélangez la salade de chou-fleur avec cette sauce et servez.

SALADE DE CHOUX AU FROMAGE BLANC

4 pers. Préparation : 15 min – Repos : 1 h **67 kcal/pers.**

150 g de chou blanc • 150 g de chou rouge • 3-4 branches de coriandre fraîches • 100 g de fromage blanc à 0 % de MG • 1 cuil. à soupe de vinaigre de cidre • 50 g de raisins de Corinthe • 1 citron • sel, poivre

Réalisation

Rincez bien les choux sous l'eau courante puis taillez-les en tranches très fines. Lavez et ciselez la coriandre.

Dans un saladier, préparez la sauce : mélangez le fromage blanc avec du sel et la coriandre, ajoutez le jus du citron et le vinaigre en battant vigoureusement.

Mettez les choux dans le saladier, ajoutez les raisins de Corinthe et mélangez bien avec la sauce. Laissez reposer à couvert pendant au moins 1 heure. Servez.

SALADE DE CONCOMBRE À LA FETA

4 pers. Préparation : 15 min

124 kcal/pers.

300 g de concombre • 120 g de feta • 4 oignons nouveaux • quelques brins de ciboulette • quelques feuilles de menthe fraîche • 1 cuil. à soupe d'huile d'olive • 1 citron • 1 cuil. à soupe de fromage blanc à 0 % de MG • sel

Réalisation

Lavez et pelez le concombre, coupez-le en petits dés. Coupez la feta en dés de la même grosseur. Lavez et ciselez les oignons nouveaux. Mélangez les dés de concombre et de feta dans des verres.

Préparez la sauce en mélangeant le fromage blanc avec l'huile d'olive, le jus du citron, du sel et la menthe ciselée. Nappez les verrines avec cette sauce et parsemez de ciboulette ciselée. Servez frais.

SALADE DE CONCOMBRE AU SAUMON

4 pers. Préparation : 10 min **216 kcal/pers.**

300 g de concombre • 125 g de mozzarella • 200 g de saumon fumé en tranches • 100 g de fromage blanc à 0 % de MG • 2 cuil. à soupe de vinaigre de framboise • 2 cuil. à café d'aneth • sel, poivre

Réalisation

Lavez, épluchez et coupez le concombre en fines tranches. Égouttez et coupez la mozzarella en petites tranches. Disposez les tranches de concombre et de mozzarella en corolle sur un plat de service. Arrosez avec une cuillerée à soupe de vinaigre.

Séparez les tranches de saumon, enroulez-les sur elles-mêmes et disposez-les sur les concombres. Dans une coupelle, mélangez le fromage blanc, la crème, l'aneth et le vinaigre restant, salez, poivrez et servez cette sauce avec la salade.

SALADE DE CREVETTES

4 pers. Préparation : 15 min – Cuisson : 20 min **120 kcal/pers.**

200 g de belles crevettes décortiquées • 50 g de feuilles de mâche • 1 pamplemousse • 1 belle pomme (type golden) • 100 g de pousses de soja en conserve • 10 brins de ciboulettes • 100 g de fromage blanc à 0 % de MG • 1 cuil. à soupe de vinaigre de framboises • sel, poivre

Réalisation

Lavez soigneusement les feuilles de mâche. Lavez, épluchez et coupez la pomme en lamelles. Découpez le pamplemousse. Rincez les pousses de soja. Mélangez ces ingrédients avec les crevettes.

Mélangez le fromage blanc avec le vinaigre et la ciboulette ciselée, salez et poivrez. Assaisonnez la salade et servez frais.

SALADE DE LÉGUMES DU MIDI

4 pers. Préparation : 15 min – Cuisson : 25 min ***89 kcal/pers.***

400 g de tomates fraîches • 2 poivrons verts • 1 poivron rouge • 1 poivron jaune • 3 oignons nouveaux • 1 cuil. à soupe d'huile d'olive • piment d'Espelette • sel, poivre

Réalisation

Lavez et coupez finement les oignons nouveaux. Lavez et coupez les poivrons, retirez les pépins et les pédoncules, taillez-les en fines lanières. Lavez et coupez les tomates en petits dés.

Dans une poêle, faites revenir les oignons et les poivrons. Dès qu'ils commencent à se ramollir, ajoutez les dés de tomate puis couvrez. Laissez mijoter pendant 20 à 25 minutes à feu doux. Salez, poivrez et ajoutez deux pincées de piment d'Espelette. Servez frais.

SALADE DE LÉGUMES GRILLÉS

4 pers. Préparation : 25 min – Cuisson : 15 min **122 kcal/pers.**

1 aubergine • 1 poivron rouge • 1 poivron vert • 1 courgette • 2 sucrines • 6 oignons nouveaux • 2 cuil. à soupe d'huile d'olive • 2 cuil. à soupe de vinaigre balsamique • 1 cuil. à café de confiture d'oignons • sel

Réalisation

Préchauffez votre four à 200 °C (th. 6/7). Lavez les poivrons, coupez-les en deux dans la longueur, retirez les queues et les pépins. Lavez l'aubergine et la courgette, coupez-les en tranches d'environ 5 mm d'épaisseur.

Placez les légumes au four sur une grille pour 10 minutes, puis au gril pendant 3 minutes. Laissez-les refroidir puis retirez les peaux des poivrons. Recoupez les légumes pour former des carrés d'environ 4 cm. Lavez et émincez les oignons, lavez les sucrines, coupez-les en huit.

Mettez les oignons, les sucrines et les légumes grillés encore tièdes dans un saladier. Préparez la sauce en mélangeant le vinaigre, l'huile et la confiture, salez et versez sur la salade. Servez.

SALADE DE TAGLIATELLES DE COURGETTES AU BASILIC

4 pers. Préparation : 25 min **132 kcal/pers.**

2 petites courgettes • 80 g de parmesan • 2 cuil. à café de baies roses • 2 cuil. à café de basilic ciselé • 2 cuil. à soupe d'huile • 2 cuil. à soupe de vinaigre balsamique • 1 cuil. à café de moutarde fine • sel, poivre

Réalisation

Lavez les courgettes, retirez les pédoncules. Coupez les courgettes et le parmesan dans la longueur à l'aide d'un couteau économe pour obtenir des tagliatelles. Préparez la vinaigrette en mélangeant la moutarde, le vinaigre et l'huile. Salez, poivrez.

Déposez les tagliatelles de courgettes dans des ramequins individuels, assaisonnez chaque ramequin avec une cuillerée à soupe de vinaigrette, parsemez de baies roses et de basilic. Décorez avec les copeaux de parmesan et réservez au frais.

SALADE DE TOMATES COLORÉES À LA MOZZARELLA

4 pers. Préparation : 10 min **191 kcal/pers.**

1 tomate olive • 1 tomate noire • 1 tomate jaune • 15 tomates cerise • 5 ou 6 tiges de basilic • 150 g de mozzarella • 2 cuil. à soupe d'huile d'olive • 1 cuil. à soupe de vinaigre balsamique • fleur de sel

Réalisation

Égouttez la mozzarella et coupez-la en tranches fines. Lavez toutes les tomates, coupez les tomates (olive, noire et jaune) en tranches fines. Coupez les tomates cerise en deux.

Présentez les tomates sur un plat en formant une belle rosace, disposez dessus la mozzarella. Ciselez le basilic et parsemez-le sur le plat. Mélangez l'huile d'olive et le vinaigre balsamique, versez régulièrement sur les tomates. Parsemez de fleur de sel.

SALADE MINUTE SUCRÉE SALÉE

4 pers. Préparation : 25 min **206 kcal/pers.**

1 boîte de pois chiches • 1 ou 2 petites courgettes • 1 pomme golden • ½ citron jaune • 1 échalote grise • 1 brin de coriandre fraîche • 1 cuil. à soupe de vinaigre balsamique • 2 cuil. à soupe d'huile d'olive extra vierge • sel fin, poivre du moulin

Réalisation

Égouttez les pois chiches et disposez-les dans un saladier. Épluchez puis détaillez les courgettes en rondelles. Épluchez la pomme, épépinez-la et détaillez-la en quartiers.

Épluchez et hachez l'échalote. Pressez le jus du citron. Préparez la vinaigrette et ajoutez-y le hachis d'échalote et le demi-citron. Mélangez.

Ajoutez tous les ingrédients aux pois chiches et parsemez de coriandre fraîchement ciselée. Placez au frais jusqu'au moment de servir.

SALADE NIÇOISE

4 pers. Préparation : 10 min – Cuisson : 10 min **133 kcal/pers.**

200 g de thon au naturel égoutté • 100 g de haricots verts • 1 cuil. à soupe d'huile d'olive • 1 oignon rouge émincé • 4 petits oignons nouveaux émincés • 100 g de mesclun • 200 g de tomates cerise coupées en deux • 1 citron • 1 cuil. à café de moutarde à l'ancienne • 1 gousse d'ail pilée • 1 cuil. à café de sucre en poudre • sel, poivre

Réalisation

Lavez et coupez les tomates. Pelez les oignons, émincez-les. Lavez et essorez la salade. Faites cuire les haricots verts dans de l'eau bouillante légèrement salée pendant 5 à 10 minutes, ils doivent rester croquants. Égouttez-les puis rincez-les à l'eau froide.

Présentez les haricots dans un saladier avec le mesclun, le thon grossièrement émietté, les tomates, les oignons. Préparez l'assaisonnement en mélangeant le jus du citron, l'ail et le sucre et versez-le sur la salade, servez aussitôt.

SALADE ORIENTALE

4 pers. Préparation : 20 min *116 kcal/pers.*

1 branche de céleri • 2 cuil. à soupe de pignons de pin • 8 dattes fraîches • 1 poivron rouge • 1 pomme aigre • 2 cuil. à soupe de jus de citron • 1 cuil. à soupe de miel liquide • 200 g de mesclun • ½ yaourt nature • quelques feuilles de menthe fraîche • sel fin, poivre du moulin

Réalisation

Lavez et essorez les feuilles de salade. Lavez et hachez la menthe. Préparez l'assaisonnement en mélangeant dans un bol le yaourt, le jus de citron et la menthe préalablement ciselée. Salez et poivrez.

Dénoyautez et détaillez les dattes. Lavez le céleri et coupez-le finement. Nettoyez le poivron, épépinez-le et coupez-le en fines lamelles. Pelez les pommes. Retirez le cœur et coupez-les en dés. Mélangez la sauce au yaourt et tous les ingrédients. Réservez au frais.

Au moment de servir, garnissez quatre assiettes de quelques feuilles de salade, de la préparation précédente et de quelques pignons de pin.

SALADE POMMES, CAROTTES, CÉLERI

4 pers. Préparation : 10 min 102 kcal/pers.

200 g de céleri-rave • 200 g de carottes • 2 pommes type reinettes • 2 cuil. à soupe d'huile d'olive • 2 cuil. à soupe de vinaigre de cidre • 1 cuil. à café de moutarde • sel

Réalisation

Lavez et épluchez le céleri et les carottes. Râpez-les. Épluchez les pommes, coupez-les en fines lamelles.

Dans un saladier, préparez la vinaigrette en mélangeant la moutarde avec le vinaigre et l'huile, salez. Déposez dessus le céleri, les carottes et les lamelles de pomme. Tournez la salade et servez.

SALADE PRINTANIÈRE

4 pers. Préparation : 10 min 75 kcal/pers.

200 g de courgette crue râpée • 200 g de chou-fleur cru émincé • 50 g de petits pois cuits (mais croquants) • 2 tranches de jambon blanc découenné • 1 petite échalote • 1 cuil. à soupe de basilic ciselé • 1 cuil. à soupe d'huile d'olive • 1 cuil. à soupe de vinaigre balsamique ou de xérès • 1 cuil. à café de moutarde fine • sel, poivre

Réalisation

Coupez le jambon en lanières. Mélangez tous les ingrédients dans un saladier, assaisonnez avec l'échalote finement coupée, le basilic, l'huile, le vinaigre et la moutarde. Salez et poivrez.

***Conseil :** faites varier cette recette en remplaçant le jambon par quelques bâtonnets de surimi coupés, des miettes de thon ou encore des magrets de canard dégraissés.*

SALADE ROSE ET VERTE

4 pers. Préparation : 20 min

75 cal/ pers.

400 g de haricots verts extra fins • 150 g de radis roses • quelques brins de ciboulette ciselés • 2 cuil. à soupe d'huile d'olive • 2 cuil. à soupe de vinaigre de framboises • 1 cuil. à café de moutarde • sel, poivre

Réalisation

Faites cuire les haricots verts dans l'eau bouillante salée pendant 10 à 15 minutes (ils doivent être légèrement croquants). Laissez-les refroidir. Lavez et équeutez les radis, coupez-les en rondelles.

Préparez la vinaigrette en mélangeant le vinaigre, la moutarde et l'huile. Salez, poivrez. Placez dans un saladier les haricots verts, les radis et la ciboulette, assaisonnez de vinaigrette. Servez frais.

SALADE VIETNAMIENNE

4 pers. Préparation : 25 min – Cuisson : 5 min **175 kcal/pers.**

300 g de germes de soja • 150 g de chair de crabe • 250 g de blancs de poulet • 100 g de carottes • environ 20 champignons noirs déshydratés • quelques feuilles de menthe • quelques feuilles de basilic • 2 cuil. à soupe de nuoc-mâm • 1 cuil. à soupe de sauce de soja • 1 citron • 1 cuil. à soupe de graines de sésame

Réalisation

Réhydratez les champignons noirs en les faisant tremper dans de l'eau chaude 15 minutes. Égouttez-les. Rincez les germes de soja. Lavez, pelez et râpez les carottes. Ciselez la menthe et le basilic.

Mélangez le tout et ajoutez la chair de crabe émiettée. Coupez le poulet en fines lanières, faites-les revenir à feu vif sans ajouter de matière grasse pendant 5 minutes en les tournant, laissez refroidir puis ajoutez à la salade.

Préparez la sauce en mélangeant le nuoc-mâm, la sauce de soja, le jus du citron et les graines de sésame. Assaisonnez la salade et servez.

Conseil : *vous pouvez remplacer le poulet par quelques crevettes ou par du filet de porc finement coupé et cuit de la même façon que le poulet.*

SAUMON FUMÉ À LA MOUSSE DE POIVRE VERT

4 pers. Préparation : 10 min **156 kcal/pers.**

4 belles tranches de saumon fumé • 4 tranches de pain de mie complet • 1 cuil. à soupe de poivre vert en grains • 1 échalote • 1 citron vert • 2 cuil. à soupe d'huile d'olive 1re pression à froid

Réalisation

Pelez l'échalote. Extrayez le jus du citron vert au presse-fruits. Passez le poivre vert, l'échalote pelée, l'huile et le jus de citron au mixeur pour obtenir une purée homogène. Réservez au frais.

Faites dorer les tranches de pain de mie sous le gril du four des deux côtés, badigeonnez-les de sauce et disposez sur chacune une tranche de saumon. Servez frais.

TABOULÉ AU QUINOA

4 pers. Préparation : 10 min – Réfrigération : 1 h – Cuisson : 10 min **248 kcal/pers.**

150 g de quinoa • ½ concombre • 4 tomates olive • 6 oignons nouveaux • 1 citron • 2 cuil. à soupe d'huile • 2 cuil. à soupe de raisins de Corinthe • 12 feuilles de menthe fraîche • 3 brins de coriandre • cumin en poudre • sel

Réalisation

Faites cuire le quinoa dans une grande casserole d'eau légèrement salée pendant 10 minutes, égouttez-les et laissez-le refroidir. Lavez et épluchez le concombre, lavez les tomates, coupez-les en petits dés. Lavez et émincez finement les oignons nouveaux. Lavez et ciselez les feuilles de menthe et la coriandre.

Mélangez le quinoa, les dés de tomate et de concombre, les oignons, la menthe et la coriandre dans un saladier, citronnez-les et ajoutez l'huile d'olive, le cumin et les raisins. Salez et laissez reposer au moins 1 heure au frais. Servez frais pour accompagner des brochettes ou des grillades.

TARTARE DE MAQUEREAUX AU CURRY

4 pers. Préparation : 15 à 20 min **300 kcal/pers.**

4 filets de maquereaux de 120 g chacun • 1 pomme type Granny Smith • 2 cuil. à soupe d'huile d'olive • 2 cuil. à soupe de lait de coco • curry en poudre • ½ citron • fleur de sel, poivre du moulin

Réalisation

Détaillez la chair du poisson en petits cubes. Lavez la pomme et coupez-la en petits dés de même dimension, citronnez-la et réservez. Préparez la vinaigrette : dans un bol, mélangez l'huile d'olive et le lait de coco, salez et poivrez. Mélangez délicatement les dés de maquereau avec les morceaux de pomme.

Confectionnez quatre dômes, un au centre de chaque assiette. Nappez de sauce vinaigrette et saupoudrez de curry. Placez au réfrigérateur jusqu'au moment de servir.

TERRINE DE MERLAN À L'ESTRAGON

4 pers. Prép. : 45 min – Cuisson : 20 à 25 min **219 kcal/pers.**

600 g de filet de merlan • 100 g de crème fraîche allégée • 1 cuil. à soupe de concentré de tomates • 2 blancs d'œufs • 1 bouquet de persil plat • 1 bouquet d'estragon • sel, poivre du moulin

Réalisation

Préchauffez le four à 240 °C (th. 8). Mixez la chair du poisson et assaisonnez-la. Nettoyez et ciselez les herbes aromatiques. Battez les blancs d'œufs en neige. Incorporez au poisson les blancs d'œufs battus, la crème, le hachis d'herbes et le concentré de tomates et mixez à nouveau.

Tapissez une terrine de papier sulfurisé et versez-y l'appareil préalablement travaillé. Faites cuire à four chaud au bain-marie pendant 20 à 25 minutes. Laissez refroidir, démoulez et servez la terrine en tranches.

TERRINE DE SAUMON AUX POIREAUX

4 pers. Préparation : 15 min – Cuisson : 40 min **210 kcal/pers.**

300 g de saumon frais • 150 g de blancs de poireau • 50 g d'oignon • 50 g de fenouil • 3 œufs • 50 g de fromage blanc à 0 % de MG • 1 citron • sel, poivre

Réalisation

Préchauffez votre four à 200 °C (th. 6/7). Lavez et émincez les blancs de poireaux, l'oignon et le fenouil. Passez-les au mixeur avec le saumon frais. Ajoutez les œufs entiers, du sel, du poivre, le fromage blanc et le jus de citron puis mixez à nouveau.

Versez cette préparation dans un plat à cake et placez au four pour 35 à 40 minutes. Vérifiez la cuisson à l'aide d'un couteau. Dégustez chaud ou froid accompagné d'une salade.

TOMATES FARCIES CRUES

4 pers. Préparation : 25 min – Cuisson : 10 min **146 kcal/pers.**

8 tomates olive • 2 œufs • 6 cornichons • 1 cuil. à soupe de câpres • 200 g de thon au naturel • 100 g de fromage blanc à 0 % de MG • 1 cuil. à soupe de vinaigre de vin • 1 cuil. à café de moutarde fine • 1 cuil. à café d'aneth • 1 cuil. à café de cerfeuil • sel, poivre

Réalisation

Plongez les œufs dans une casserole d'eau bouillante et faites-les cuire 10 minutes. Lavez les tomates, découpez les chapeaux en croix puis évidez-les. Laissez-les s'égoutter à l'envers sur une assiette.

Dans un récipient, écrasez les œufs durs à l'aide d'une fourchette. Coupez les cornichons en tous petits dés. Mélangez les œufs avec les cornichons, les câpres, le thon, le fromage blanc, la moutarde, le vinaigre et les fines herbes.

Salez, poivrez et mélangez bien le tout afin d'obtenir une farce homogène. Garnissez les tomates avec la farce et réservez au froid jusqu'au service.

TZAZIZKI AU THON

4 pers. Préparation : 15 min – Réfrigération : 2 h **65 kcal/pers.**

300 g de concombre • 400 g de fromage blanc à 0 % de MG • 4 oignons nouveaux • 1 gousse d'ail • quelques brins de ciboulette • sel, poivre

Réalisation

Lavez et épluchez le concombre, coupez-le en deux dans la longueur, retirez les pépins puis coupez la chair en tous petits cubes. Salez-les puis laissez-les dégorger dans une passoire.

Pelez et hachez les oignons, mélangez-les avec le concombre, ajoutez l'ail pressé, la ciboulette ciselée finement puis le fromage blanc. Poivrez puis resalez si nécessaire.

Laissez reposer au réfrigérateur au moins 2 heures. Servez frais en entrée, accompagné de pain ou de blinis.

Conseil : *vous avez une petite faim ? Inutile de rester affamé si le repas n'est que dans 2 heures. Prenez un petit en-cas protéiné et/ou salé, il vous « calera » autant qu'un fruit sans vous apporter de sucre… tranche de jambon, surimi, petit bol de soupe.*

VERRINES DE CONCOMBRE ET POIRE À LA MENTHE

4 pers. Préparation : 10 min – Cuisson : 20 min **82 kcal/pers.**

½ concombre • 1 poire • 2 branches de menthe fraîche • 50 g de pignons de pin • 100 g de fromage blanc à 0 % de MG • 1 cuil. à café de vinaigre balsamique • 1 filet de jus de citron • sel

Réalisation

Ciselez la menthe en conservant quatre belles feuilles pour la décoration. Préparez la sauce en mélangeant le fromage blanc, le vinaigre, le filet de jus de citron, la menthe ciselée et du sel. Épluchez la poire.

Coupez en très petits cubes le concombre (non épluché) et la poire, mélangez avec les pignons de pin et la moitié de la sauce et présentez dans des verrines individuelles. Déposez sur le dessus un peu de sauce restante et décorez avec une feuille de menthe.

VERRINES DE CRABE AU PAMPLEMOUSSE

4 pers. Préparation : 10 min **86 kcal/pers.**

1 boîte de crabe au naturel • 1 pamplemousse rose • 2 branches de persil plat • sel fin, poivre du moulin

Réalisation

Égouttez le crabe dans une passoire. Coupez le pamplemousse en deux et prélevez les quartiers avec une cuillère à pamplemousse en recueillant le jus de la découpe. Partagez chaque quartier en deux ou trois.

Mélangez les fruits avec le crabe, salez peu, poivrez. Répartissez dans quatre petits verres et décorez de feuilles de persil ciselées.

VERRINES DE TOMATES ET PASTÈQUE AU CHÈVRE

4 pers. Préparation : 25 min – Cuisson : 5 min ***70 kcal/pers.***

300 g de tomates grappe • 200 g de pastèque • 100 g de chèvre frais • 12 belles feuilles de basilic • 10 brins de ciboulette • 1 gousse d'ail • 1 cuil. à soupe de vinaigre balsamique • 1 cuil. à soupe d'huile d'olive • sel

Réalisation

Mondez les tomates, épluchez-les et coupez-les en petits cubes. Passez-les à la poêle 5 minutes avec l'huile d'olive et le vinaigre balsamique, ajoutez l'ail pressé et salez légèrement.

Hors du feu, mélangez les tomates avec les feuilles de basilic ciselées (conservez quatre feuilles pour la décoration). Versez les tomates au fond des verrines. Découpez la pastèque en petits cubes, retirez les pépins et déposez les cubes dans les verrines sur les tomates.

Émiettez le chèvre, mélangez-le avec la ciboulette ciselée et versez-le sur chaque verrine. Décorez avec une feuille de basilic. Servez frais.

Bons petits œufs

FRITTATA AUX ASPERGES VERTES ET TOMATES CONFITES

4 pers. Préparation : 20 min – Cuisson : 30 min 185 kcal/pers.

6 œufs • 20 cl de lait demi-écrémé • 1 cuil. à soupe de crème à 15 % de MG • 200 g d'asperges vertes • 100 g de tomates confites • 150 g de tomate fraîche • 1 noix de beurre pour le moule • estragon • sel, poivre

Réalisation

Préchauffez votre four à 175 °C (th. 5-6) Beurrez le fond d'un moule à gâteau, garnissez-le d'un cercle de papier sulfurisé. Lavez et mondez la tomate, pelez-la, coupez-la en petits cubes en retirant les pépins.

Dans un saladier, battez les œufs avec la crème, les asperges, de l'estragon, les tomates confites et la tomate fraîche, ajoutez le lait. Remuez bien, assaisonnez et versez dans le moule.

Vérifiez que les légumes soient bien répartis dans le moule et placez au four chaud pour 30 minutes. Démoulez la frittata sur un plat et servez chaud ou froid.

Conseil : *variez votre frittata en changeant les légumes : champignons, épinards, courgettes, poivrons... Un plat d'été simple et léger.*

ŒUFS BROUILLÉS AUX PETITS LÉGUMES

4 pers. Préparation : 15 min – Cuisson : 20 min **192 kcal/pers.**

8 œufs extra frais • 100 g de haricots verts extra fins surgelés • 20 tomates cerise • 100 g de courgette • 100 g de champignons de Paris • 200 g de fromage blanc à 0 % de MG • persil • sel, poivre

Réalisation

Faites cuire dans une casserole d'eau salée les haricots verts pendant 10 minutes, égouttez-les, coupez-les en petits tronçons d'environ 2 cm. Lavez les champignons et la courgette, coupez-les en tranches fines. Lavez les tomates et coupez-les en deux.

Poêlez les légumes tous ensemble dans une poêle à revêtement antiadhésif. Dans un bain-marie, cassez les œufs, battez-les en incorporant le fromage blanc. Puis, sans cesser de remuer, incorporez la poêlée de légumes. Laissez cuire quelques minutes.

Salez, poivrez, ajoutez du persil. Dressez et servez aussitôt.

ŒUFS COCOTTE À LA RUSSE

4 pers. Préparation : 8 min – Cuisson : 10 min **120 kcal/pers.**

4 gros œufs • 1 citron • 1 cuil. à soupe de moutarde de Dijon • 1 yaourt nature • 4 filets d'anchois • persil • paprika en poudre

Réalisation

Faites durcir les œufs pendant 10 minutes dans de l'eau bouillante légèrement salée. Laissez-les refroidir puis écalez-les et coupez-les en deux dans le sens de la longueur. Retirez les jaunes. Pressez le citron.

Dans une jatte, mélangez les jaunes d'œufs, le jus de citron, le yaourt et la moutarde. Réduisez les anchois en purée soit au pilon, soit au mixer. Incorporez-les au mélange précédent et assaisonnez à votre convenance.

Hachez le persil et ajoutez-le à la farce. Farcissez les œufs de ce mélange et saupoudrez-les de paprika. Placez au réfrigérateur jusqu'au moment de servir.

ŒUFS COCOTTE AU SAUMON FUMÉ

4 pers. Prép. : 10 min – Cuisson : 6 à 8 min **138 kcal/pers.**

4 œufs • 120 g de saumon fumé • 20 g de beurre • 2 cuil. à soupe de crème fraîche légère • poivre du moulin

Réalisation

Détaillez le saumon fumé en petits cubes. Beurrez quatre ramequins. Dans chacun, répartissez les cubes de saumon, une cuillerée de crème et cassez un œuf. Poivrez modérément.

Placez-les dans le panier de votre autocuiseur et laissez cuire 6 à 8 minutes. Servez avec des mouillettes de pain au froment.

ŒUFS COCOTTE AUX CHAMPIGNONS DE PARIS

4 pers. Préparation : 15 min – Cuisson : 7 min ***96 kcal/pers.***

4 œufs • 100 g de petits champignons de Paris • 100 g de fromage blanc à 0 % de MG • 1 citron • ciboulette • sel, poivre

Réalisation

Préchauffez votre four à 200 °C (th. 6/7). Lavez les champignons à l'eau courante, tranchez-les en fines lamelles. Faites-les cuire à l'étouffée avec le jus du citron, salez, poivrez.

Hors du feu, mélangez les champignons avec le fromage blanc et versez la préparation dans des ramequins individuels. Cassez délicatement un œuf dans chaque ramequin.

Enfournez au bain-marie les ramequins recouverts d'une feuille d'aluminium. Laissez cuire 6 à 7 minutes, jusqu'à ce que les blancs soient cuits.

Conseil : *ce plat est hyperprotéiné, pauvre en calories et en matières grasses… idéal en entrée pour compléter votre repas et moins craquer sur le dessert.*

ŒUFS DURS AU CHÈVRE FRAIS ET AUX HERBES

4 pers. Préparation : 20 min – Cuisson : 10 min **193 kcal/pers.**

8 œufs • 150 g de chèvre frais • 1 échalote • 1 bouquet d'herbes aromatiques variées (ciboulette, estragon, persil) • 1 cuil. à soupe d'huile d'olive • feuilles de laitue • sel, poivre

Réalisation

Épluchez et hachez l'échalote. Lavez, séchez et ciselez les herbes finement. Faites durcir les œufs pendant 10 minutes à l'eau bouillante salée. Rafraîchissez-les, écalez-les et coupez-les en deux. Réservez les blancs.

Écrasez les jaunes à la fourchette et incorporez-y petit à petit l'huile d'olive, le fromage de chèvre, l'échalote et les fines herbes. Assaisonnez à votre convenance. Garnissez les blancs d'œufs de cette préparation.

Dressez sur un plat de service un lit de feuilles de laitue. Décorez de brins de ciboulette et placez au réfrigérateur jusqu'au moment de servir.

ŒUFS FARCIS À L'ANCHOIS

4 pers. Préparation : 8 min – Cuisson : 10 min **120 kcal/pers.**

4 gros œufs • le jus d'un citron • 1 cuil. à soupe de moutarde • 1 yaourt nature • 4 filets d'anchois • persil • paprika en poudre

Réalisation

Faites durcir les œufs 10 minutes dans de l'eau bouillante légèrement salée. Laissez-les refroidir puis écalez-les et coupez-les en deux dans le sens de la longueur. Retirez les jaunes.

Dans une jatte, mélangez les jaunes d'œufs, le citron, le yaourt et la moutarde.

Réduisez les anchois en purée soit au pilon, soit au mixer. Incorporez-les au mélange précédent et assaisonnez à votre convenance.

Hachez le persil et ajoutez-le à la farce. Farcissez les œufs de ce mélange et saupoudrez-les de paprika. Placez au réfrigérateur jusqu'au moment de servir.

OMELETTE FARCIE AUX AUBERGINES

4 pers. Préparation : 20 min – Cuisson : 45 min **241 kcal/pers.**

8 œufs • 10 cl de lait demi-écrémé • 600 g d'aubergines • 2 oignons • 2 cuil. à café d'huile d'olive • 16 feuilles de menthe • sel, poivre

Réalisation

Lavez et épluchez les aubergines et les oignons. Émincez les oignons, faites-les revenir à feu doux avec l'huile d'olive.

Coupez les aubergines en petits cubes, ajoutez les dés d'aubergine dans la poêle avec l'oignon, laissez réduire à feu doux pour obtenir une compotée.

Battez les œufs en omelette avec le lait, incorporez les feuilles de menthe ciselées, salez et poivrez. Faites cuire l'omelette dans une poêle à revêtement antiadhésif, sans ajout de matière grasse.

Garnissez le centre de l'omelette avec la compotée de légumes, pliez l'omelette en deux et servez.

Coquillages et crustacés… et poissons

AILES DE RAIE À LA VAPEUR D'HERBES

4 pers. Préparation : 15 min – Cuisson : 5 min **133 kcal/pers.**

4 ailes de raie • 1 gros bouquet de fines herbes variées (persil, ciboulette, estragon...) • ½ verre de vinaigre • 50 g de beurre fondu • 1 citron • 2 cuil. à soupe de fines herbes hachées • sel, poivre du moulin

Réalisation

Hachez les herbes. Lavez les ailerons de poisson à grande eau. Essuyez-les dans du papier absorbant, salez-les et poivrez-les. Roulez-les dans la moitié du hachis de fines herbes.

Déposez-les dans le panier supérieur de votre autocuiseur. Vinaigrez l'eau de cuisson, fermez la cocotte et faites monter en pression sur feu vif. Dès que la soupape chuchote, réduisez le feu et laissez cuire 5 minutes supplémentaires.

Dans une casserole, faites fondre le beurre, ajoutez-y le reste d'herbes, le jus du citron, salez et poivrez. Présentez le poisson nappé de sauce citronnée et servez aussitôt.

BLANQUETTE DE LOTTE AUX GIROLLES

4 pers. Préparation : 30 min – Cuisson : 25 min **228 kcal/pers.**

1 queue de lotte de 500 g environ • 20 g de beurre • 1 cuil. à soupe de farine de blé type 45 • 6 cl de vin blanc sec • 1 cuil. à soupe de crème fraîche allégée à 5 % de MG • 200 g de girolles • persil plat • fleur de sel, poivre noir concassé

Réalisation

Levez ou faites lever les filets de lotte par votre poissonnier puis détaillez-les en gros cubes. Brossez les champignons et coupez l'extrémité des pieds sans les laver. Dans une cocotte, faites fondre 10 g de beurre et laissez-y revenir à feu vif les champignons. Salez et poivrez modérément. Réservez. Dans la graisse de cuisson des champignons, faites revenir les dés de poisson. Assaisonnez.

Faites fondre le restant de beurre puis saupoudrez de farine. Mélangez puis mouillez avec le vin blanc. Ajoutez la lotte et les girolles et complétez d'eau : le poisson doit être entièrement recouvert de liquide de cuisson. Couvrez et laissez mijoter à couvert pendant 15 minutes supplémentaires. Au moment de servir, liez la sauce avec la crème fraîche, rectifiez l'assaisonnement si nécessaire et parsemez de persil plat fraîchement ciselé.

BROCHETTES DE LOTTE AUX POMMES

4 pers. Préparation : 15 min – Marinade : 1 h – Cuisson : 10 min

211 kcal/pers.

500 g de queue de lotte • 500 g de pommes • 2 cuil. à soupe d'huile d'olive • 2 citrons • mélange de 5 baies • sel, poivre

Réalisation

Coupez les queues de lotte en dés, puis faites-les mariner 1 heure dans le mélange huile d'olive, jus de citron, sel et poivre, en les retournant régulièrement.

Épluchez et coupez les pommes en dés d'environ 2 cm de côté. Montez les brochettes en alternant les dés de pomme et de lotte.

Faites cuire les brochettes au gril ou à la plancha environ 3 minutes de chaque côté. Parsemez du mélange de 5 baies et servez.

BROCHETTES DE SCAMPIS, SAUCE ROUGE

4 pers. Préparation : 25 min – Cuisson : 5 min – Marinade : 30 min

154 kcal/pers.

16 crevettes grises • 3 ou 4 tomates • 1 cuil. à soupe de concentré de tomate • 1 oignon • 3 gousses d'ail • 2 cuil. à soupe d'huile d'olive • ½ cuil. à café de gingembre en poudre • 10 cl de vin blanc • 1 citron • 1 branche d'estragon • sel, poivre du moulin

Réalisation

Décortiquez les crevettes en prenant soin de ne pas en casser les queues. Pelez et émincez l'oignon et l'ail. Pelez les tomates, épépinez-les et coupez-les en petits dés.

Dans une jatte, mélangez le concentré de tomate, l'huile d'olive, le vin blanc, les herbes et les épices. Faites mariner les crevettes dans cette préparation pendant 30 minutes environ.

Réalisez des brochettes en intercalant les crevettes et des quartiers de citron. Disposez-les dans le bol inférieur de votre cuit-vapeur et faites cuire pendant 5 minutes à la vapeur. Servez aussitôt.

BROCHETTES DE THON

4 pers. Préparation : 15 min – Cuisson : 10 min **162 kcal/pers.**

300 g de pavé de thon frais • 100 g de jambon fumé, en tranches fines • 100 g de fromage blanc à 0 % de MG • 1 cuil. à soupe de vinaigre balsamique • coriandre fraîche • sel, poivre

Réalisation

Coupez le thon en cubes d'environ 2 cm de côté. Enrubannez chaque morceau avec une lanière de jambon fumé. Piquez les morceaux sur des piques. Prévoyez quatre ou cinq morceaux par bâtonnet. Mélangez le fromage blanc avec le vinaigre, du sel, du poivre et de la coriandre ciselée.

Passez les brochettes au gril environ 10 minutes en les tournant pour dorer chaque côté. Servez avec la sauce au fromage blanc.

Conseil : *pourquoi ne pas préparer des mini brochettes de thon avec des piques à cocktail… pour des apéritifs légers et protéinés.*

CABILLAUD ÉPICÉ AUX HERBES

4 pers. Prép. : 10 min – Cuisson : 10 à 12 min **173 kcal/pers.**

4 filets de cabillaud de 100 à 120 g chacun • 1 bouquet de menthe • 1 bouquet de coriandre • 1 bouquet de cerfeuil • 2 gousses d'ail • 1 piment vert • 2 oignons blancs • 1 cuil. à café de sucre semoule • 1 cuil. à café de gingembre en poudre • 1 citron non traité • 2 cuil. à soupe d'huile d'olive • sel, poivre blanc du moulin

Réalisation

Épluchez l'ail et les oignons. Rincez les herbes, égouttez-les et placez-les dans le bol de votre robot ménager en retirant les tiges les plus grosses. Ajoutez l'ail et les oignons, le piment équeuté, le sucre en poudre et le gingembre ; mixez le tout à grande vitesse. Prélevez le zeste du citron.

Disposez chaque pavé de cabillaud sur un grand carré de papier sulfurisé ou d'aluminium, salez et poivrez modérément, répartissez dessus les herbes finement hachées, arrosez d'un filet d'huile d'olive, de quelques gouttes de jus de citron, des zestes puis refermez les papillotes et faites-les cuire à la vapeur pendant 10 à 12 minutes. Servez chaud dans les papillotes.

CARPACCIO DE LOTTE AU CITRON ET AU POIVRE NOIR

4 pers. Préparation : 20 min – Marinade : 30 min *217 kcal/ pers.*

1 queue de lotte de 400 g environ • 2 citrons non traités • 1 cuil. à soupe de sucre semoule • 4 cuil. à soupe d'huile d'olive extra vierge • 1 bouquet d'aneth • sel, poivre noir en grains

Réalisation

Mélangez au fouet le jus d'un citron, l'huile d'olive, le sucre et du sel puis ajoutez la moitié de l'aneth haché. Réservez au frais dans un plat creux. Retirez le zeste du second citron, puis pelez-le et détaillez-le en quartiers.

Détaillez la lotte en tranches très fines. Faites-les tremper dans la marinade préalablement préparée pendant au moins 30 minutes.

Au moment de servir, dressez les tranches de lotte sur des assiettes de service, parsemez de poivre noir concassé, de zestes de citron finement émincés et du reste d'aneth ciselé.

CARPACCIO DE SAINT-JACQUES À L'HUILE VIERGE

4 pers. Préparation : 20 min **125 kcal/pers.**

8 noix de Saint-Jacques sans corail • ½ citron • 1 cuil. à soupe de sucre semoule • 4 cuil. à soupe d'huile d'olive extra vierge première pression à froid • 1 branche d'aneth • fleur de sel, poivre noir concassé

Réalisation

Pressez le demi-citron. Mélangez au fouet le jus de citron, l'huile d'olive, une pincée de sucre semoule et de sel. Lavez et ciselez l'aneth. Ajoutez-le au mélange précédent. Réservez la marinade au frais.

Détaillez les Saint-Jacques en tranches très fines à l'aide d'un couteau bien aiguisé. Déposez-les sur une feuille de papier cuisson et recouvrez-les d'une autre feuille. Tapotez légèrement toute la surface de la feuille à l'aide d'un rouleau à pâtisserie. Cette opération permet d'attendrir les Saint-Jacques et d'en réduire l'épaisseur.

Disposez le carpaccio sur des assiettes de service et nappez de marinade citronnée. Poivrez et servez aussitôt.

CHOUCROUTE DE LA MER

4 pers. Préparation : 20 min – Cuisson : 15 min **210 kcal/pers.**

400 g de filets de poissons variés • 500 g de choucroute cuite • 10 cl de vin blanc sec • 20 g de beurre • ½ citron • 1 cuil. à café de baies de genièvre • sel fin, poivre noir du moulin

Réalisation

Détaillez les filets de poissons en deux ou trois morceaux. Salez et poivrez modérément. Faites fondre le beurre dans une cocotte, puis faites revenir le chou à choucroute. Mouillez avec le vin blanc, complétez d'autant d'eau. Parsemez de baies de genièvre.

Déposez dessus les tranches de poissons puis refermez hermétiquement la cocotte. Comptez 15 minutes de cuisson à partir du chuchotement de la soupape. Servez sur un plat de service, agrémenté de quelques rondelles de citron.

COQUILLES DE LA MER GRATINÉES

4 pers. Préparation : 20 min – Cuisson : 30 min **243 kcal/pers.**

300 g de filets de poissons maigres (cabillaud, merlan…) • 200 g de chair de crustacés (langoustines, crevettes roses…) • 200 g de champignons de Paris • 1 oignon jaune • 20 g de beurre • 1 cuil. à soupe de crème fraîche épaisse allégée • 1 cuil. à soupe rase de farine de blé type 45 • 20 cl de vin blanc sec • 1 cuil. à soupe rase de chapelure • sel fin, poivre noir concassé

Réalisation

Préchauffez votre four à 200 °C (th. 6/7). Parez les champignons : grattez-les avec la pointe d'un couteau, coupez-leur l'extrémité des pieds puis brossez-les si nécessaire sans les laver. Détaillez-les grossièrement. Épluchez et hachez grossièrement l'oignon.

Faites fondre le beurre et faites-y colorer le hachis d'oignon. Ajoutez-y les champignons coupés, salez et poivrez. Saupoudrez de farine puis mélangez. Mouillez avec la même quantité d'eau et de vin. Ajoutez les filets de poisson détaillés en deux ou quatre et ajoutez-y les crustacés.

Couvrez et laissez cuire pendant 10 à 12 minutes. Liez la sauce avec la crème épaisse. Répartissez le mélange dans des coquilles, saupoudrez de chapelure et enfournez juste le temps de faire gratiner le dessus. Servez dès la sortie du four.

CROQUETTES DE POISSON AUX HERBES

4 pers. Préparation : 30 min – Cuisson : 30 min **206 kcal/pers.**

500 g de filets de poisson maigre • 4 tranches de pain de mie • 10 cl de lait écrémé • 4 cuil. à soupe d'herbes variées (ciboulette, persil, coriandre...) • 2 cuil. à soupe d'huile de tournesol • sel fin, poivre noir du moulin

Réalisation

Faites pocher les filets de poisson dans de l'eau bouillante légèrement salée. Égouttez-les et passez-les au mixeur. Faites tremper le pain dans le lait, puis mélangez-le avec le hachis de poisson. Salez et poivrez modérément.

Lavez puis ciselez les herbes aromatiques. Ajoutez-les à la farce de poisson puis, du bout des doigts, façonnez des boulettes régulières de 2 à 3 cm de diamètre. Dans une poêle à revêtement antiadhésif, faites chauffer l'huile de tournesol. Faites-y rissoler les boulettes de poisson.

Égouttez-les sur un papier absorbant et réservez-les au chaud. Comptez environ trois boulettes par personne. Présentez-les agrémentées d'un mesclun au vinaigre doux.

CURRY DE LA MER AUX PETITS LÉGUMES

4 pers. Préparation : 20 min – Cuisson : 25 min ***425 kcal/pers.***

12 grosses crevettes roses • 400 g de filets de poisson (cabillaud, sole, flétan...) • 100 g de riz long • 20 cl de lait de coco • 25 cl de bouillon de volaille dégraissé • 100 g de petits pois • 1 oignon jaune • 1 pomme de terre moyenne • 2 carottes • 2 gousses d'ail • 2 cuil. à soupe d'olive • curry en poudre • safran en poudre • fleur de sel

Réalisation

Portez 1 litre d'eau salée à ébullition et faites-y cuire le riz pendant 10 minutes environ. Pelez la pomme de terre, l'oignon, l'ail et les carottes, détaillez-les en dés.

Faites chauffer une cuillerée d'huile et jetez-y l'ail et l'oignon jusqu'à ce qu'ils deviennent translucides. Ajoutez-y le reste des légumes, une pointe de curry et de safran et prolongez la cuisson sur feu vif pendant quelques minutes. Mouillez avec le bouillon et le lait de coco.

Amenez au point d'ébullition, réduisez le feu et laissez mijoter environ 10 minutes, jusqu'à ce que le liquide épaississe un peu. Ajoutez les filets de poisson, les crevettes décortiquées, les petits pois et poursuivez la cuisson pendant 5 à 10 minutes supplémentaires. Servez bien chaud.

DAURADE SAFRANÉE AUX DEUX CITRONS

4 pers. Prép. : 15 min – Cuisson : 40 à 45 min *278 kcal/pers.*

1 daurade d'environ 1 kg • 4 pommes de terre nouvelles • 2 oignons rouges • 1 citron • 1 citron vert • 2 cuil. à soupe d'huile d'olive extra vierge • 2 gousses d'ail • 1 bouquet de persil • 1 pointe de safran en poudre • fleur de sel, poivre

Réalisation

Préchauffez le four à 200 °C (th. 6/7). Videz et nettoyez la daurade. Pressez la moitié du citron jaune et la moitié du citron vert. Détaillez le restant en quartiers. Citronnez l'intérieur du poisson et poivrez modérément.

Pelez et détaillez grossièrement les oignons, écrasez l'ail dans un mortier. Épluchez les pommes de terre et coupez-les en rondelles. Préparez une marinade : dans une jatte, mélangez le hachis d'ail, le safran, le persil ciselé, une pointe de sel et l'huile d'olive. Disposez au fond d'un plat à gratin les pommes de terre et les oignons mélangés. Nappez de marinade et enfournez pendant 15 à 20 minutes.

Disposez dessus la daurade et prolongez la cuisson de 25 minutes. Au moment de servir, décorez avec les quartiers de citrons jaune et vert.

DAURADE SUR LIT DE TOMATES

4 pers. Préparation : 15 min – Cuisson : 30 min **161 kcal/pers.**

2 petites daurades • 500 g de tomates grappe • 2 échalotes • feuilles de basilic • 1 cuil. à soupe d'huile d'olive • 10 cl de vin blanc sec • sel, poivre

Réalisation

Préchauffez votre four à 175 °C (th. 5-6). Lavez et coupez les tomates en rondelles, déposez-les dans un plat à gratin en couvrant bien le fond. Épluchez et émincez les échalotes, parsemez-les sur le lit de tomates. Ajoutez l'huile d'olive.

Déposez les daurades, salez, poivrez et versez le vin blanc. Enfournez et laissez cuire 20 à 30 minutes en fonction de la taille des daurades.

ÉCREVISSES, SAUCE SAFRANÉE

4 pers. Préparation : 15 min – Cuisson : 20 min **170 kcal/pers.**

24 grosses écrevisses • 10 cl de vin blanc sec • ½ céleri-rave • 1 carotte • 1 oignon • 1 gousse d'ail • 1 bouquet garni (persil, thym, laurier) • 1 cuil. à soupe d'huile d'olive • 40 g de beurre allégé à cuisiner • safran en poudre • sel, poivre du moulin

Réalisation

Nettoyez et détaillez les légumes, l'ail et l'oignon en fine julienne. Placez-les dans une cocotte avec l'huile et laissez-les suer quelques minutes. Mouillez avec le vin blanc, 1 litre d'eau, ajoutez le bouquet garni, salez, poivrez. Portez à ébullition et laissez cuire à gros bouillons pendant 10 minutes environ.

Jetez-y les écrevisses et laissez-les cuire 5 minutes. Retirez-les et réservez-les au chaud.

Préparez la sauce : égouttez les légumes et réservez-les. Faites réduire la nage de moitié puis ajoutez-y le safran. Hors du feu, ajoutez le beurre en parcelles sans cesser de remuer.

Réchauffez à feu doux et ajoutez la julienne. Rectifiez l'assaisonnement si nécessaire. Servez aussitôt.

ÉGLEFIN AUX TOMATES CERISE

4 pers. Préparation : 10 min – Cuisson : 25 min **150 kcal/pers.**

600 g d'églefin • 300 g de tomates cerise • 4 échalotes • 10 cl de vin blanc sec • 1 cuil. à soupe d'huile d'olive • 1 bouquet garni • sel, poivre

Réalisation

Pelez et émincez les échalotes, faites-les revenir avec l'huile d'olive pendant 5 minutes à feu moyen. Lavez et coupez les tomates en deux, ajoutez-les dans la poêle avec les échalotes fondues, salez, poivrez, couvrez puis laissez mijoter pendant 5 minutes.

Ajoutez le vin blanc, le bouquet garni, laissez cuire de nouveau 5 minutes. Ajoutez l'églefin en morceaux, laissez mijoter 10 minutes en retournant à mi-cuisson. Servez aussitôt.

Conseil : *et si vous vous mettiez au sport ? Sans forcément vous entraîner pour le marathon, pensez au moins aux exercices simples que vous pourriez faire chaque jour : marcher 10 à 15 minutes après le déjeuner, prendre les escaliers, descendre* *une ou deux stations de bus plus tôt, prendre rendez-vous avec une amie pour aller nager une fois par semaine… Des petits exercices tout simples à faire même si on a peu de temps.*

FILETS DE FLÉTAN GRILLÉ AU BASILIC

4 pers. Préparation : 20 min – Cuisson : 20 min **162 kcal/pers.**

4 filets de flétan de 100 g chacun • 50 g de tomates séchées • 100 g de feuilles d'épinards frais • 4 branches de basilic frais • 2 cuil. à soupe d'huile d'olive extra vierge • sel de Guérande, poivre en grains

Réalisation

Lavez, séchez et effeuillez le basilic. Lavez puis essuyez les pousses d'épinards dans du papier absorbant. Émincez finement les tomates séchées dans le sens de la longueur.

Faites chauffer une cuillerée d'huile dans une sauteuse. Une fois bien chaude, faites-y revenir vivement les lamelles de tomate pendant 1 à 2 minutes. Ajoutez les pousses d'épinards entières, quelques grains de poivre, une pincée de sel et mélangez. Réduisez le feu et laissez fondre quelques minutes supplémentaires.

Faites griller les pavés de flétan préalablement salés et poivrés dans l'huile restante et laissez cuire environ 5 minutes de chaque côté.

Au moment de servir, disposez la fondue de légumes sur les assiettes, posez les filets de poisson dessus et parsemez de basilic fraîchement ciselé.

FILETS DE JULIENNE ET JULIENNE DE LÉGUMES EN PAPILLOTE

4 pers. Préparation : 25 min – Cuisson : 15 min *166 kcal/pers.*

4 filets de julienne • 2 courgettes • ½ poivron rouge • ½ poivron jaune • 1 gousse d'ail • 1 cuil. à soupe d'huile d'olive • 1 citron • 1 pincée de cumin • sel, poivre

Réalisation

Préchauffez votre four à 175 °C (th. 5-6) Lavez et coupez les courgettes et les demi-poivrons en deux, retirez les pépins puis coupez-les en julienne. Faites blanchir les légumes 2 minutes à l'eau bouillante, égouttez-les. Épluchez puis écrasez l'ail, mélangez-le avec l'huile d'olive, le jus de citron et le cumin, salez.

Préparez quatre feuilles de papier sulfurisé, déposez sur chacune d'elle un filet de julienne, puis les légumes, arrosez avec le mélange à l'huile d'olive et fermez les papillotes.

Faites cuire les papillotes au four pendant 15 minutes. Dressez sur des assiettes et servez.

FILETS DE PERCHE AUX HERBES

4 pers. Préparation : 20 min – Cuisson : 30 min *220 kcal/pers.*

4 filets de perche • 1 citron • 1 oignon • 40 g de beurre + 10 g pour le plat • herbes aromatiques (persil, estragon...) • sel, poivre du moulin

Réalisation

Préchauffez le four à 210 °C (th. 7). Pressez le citron, pelez puis hachez l'oignon. Citronnez la chair du poisson et assaisonnez-le. Ciselez les herbes. Beurrez un plat en terre cuite, parsemez le fond de hachis d'oignon et disposez les filets dessus.

Préparez un beurre manié : malaxez le beurre avec les herbes aromatiques. Parsemez le poisson de noisettes de beurre et faites-le cuire au four pendant environ 30 minutes. Veillez à ce que la chair du poisson ne dessèche pas. Au besoin, arrosez-le avec un peu d'eau ou de vin blanc sec. Servez dès la sortie du four.

FILETS DE SAINT-PIERRE AU ROMARIN ET TOMATES CARAMÉLISÉES

4 pers. Prép. : 15 min – Cuisson : 30 à 40 min **256 kcal/pers.**

4 filets de Saint-Pierre de 120 g chacun • 4 tomates bien fermes • 1 gousse d'ail • 2 échalotes • 40 g de beurre allégé • 2 cuil. à soupe d'huile d'olive extra vierge • 10 cl de vin blanc sec • 2 cuil. à soupe de vinaigre de vin • 10 cl de fumet de poisson • quelques branches de romarin • 1 cuil. à soupe de farine de blé • 1 cuil. à café de sucre semoule • 1 cuil. à soupe de câpres • 1 bouquet de ciboulette • quelques feuilles de cerfeuil • sel, poivre du moulin

Réalisation

Allumez le gril du four. Pelez et écrasez la gousse d'ail. Mondez et épépinez les tomates. Coupez-les en tranches régulières d'environ 1 cm d'épaisseur. Assaisonnez-les puis saupoudrez-les de sucre. Parsemez d'ail haché et roulez-les dans la farine préalablement tamisée. Passez au gril et laissez caraméliser quelques minutes.

Préchauffez le four à 180 °C (th. 6). Découpez quatre feuilles de papier d'aluminium et placez-y les filets de poisson. Assaisonnez. Effeuillez les branches de romarin, parsemez-les sur le poisson, arrosez d'un filet d'huile d'olive et fermez les papillotes. Faites cuire 10 à 15 minutes au four et réservez au chaud. Pelez et hachez les échalotes. Faites-les réduire avec le vin blanc et le vinaigre. Ajoutez le fumet de poisson.

Dès frémissement, réduisez le feu puis incorporez le beurre coupé en petits morceaux. Mélangez et rectifiez l'assaisonnement si nécessaire. Ajoutez, les câpres, la ciboulette et le cerfeuil ciselés. Nappez les filets de sauce et servez aussitôt accompagnés de tomates rôties.

FILETS DE SOLE À LA CRÈME SAFRANÉE

4 pers. Préparation : 20 min – Cuisson : 5 min ***233 kcal/pers.***

8 filets de sole • 8 feuilles d'épinards • 2 échalotes hachées • 20 g de beurre • 10 cl de vin blanc • 10 cl de crème légère •1 pointe de safran en poudre • sel fin, poivre du moulin

Réalisation

Nettoyez et blanchissez les feuilles d'épinards pendant 2 minutes à l'eau bouillante légèrement salée. Rafraîchissez-les puis égouttez-les. Réservez. Disposez sur chacun des filets de sole une feuille d'épinards de même taille. Salez et poivrez.

Roulez les filets et maintenez-les fermés avec une petite pique en bois. Placez-les dans le panier supérieur de votre autocuiseur. Au fond de la cocotte, mélangez les échalotes, le vin blanc, la crème, le sel, un peu de poivre et le safran en poudre. Fermez la cocotte et laissez cuire 5 minutes sur feu doux.

Réservez les paupiettes de poisson. Laissez réduire la sauce et ajoutez-y le beurre fondu. Servez aussitôt.

FLAN AU SAUMON ET AUX COURGETTES

4 pers. Préparation : 20 min – Cuisson : 30 min **272 kcal/pers.**

200 g de saumon frais • 2 petites courgettes • 1 petit oignon • 200 g de fromage blanc à 0 % de MG • 1 cuil. à soupe de crème à 15 % de MG • 2 œufs • 80 g de gruyère râpé • 1 cuil. à café d'aneth • sel, poivre

Réalisation

Lavez et épluchez les courgettes, coupez-les en petits dés, faites les légèrement fondre avec l'oignon émincé dans une poêle à feu doux pendant 10 minutes. Salez.

Pendant ce temps faites cuire le saumon dans une grande casserole d'eau pendant 5 minutes. Il doit être encore rosé. Émiettez-le et retirez bien toutes les arêtes. Mélangez le saumon, les dés de courgette, l'oignon et l'aneth. Déposez le mélange dans un plat à gratin.

Battez les œufs avec le fromage blanc, la crème et le gruyère, versez cet appareil sur le mélange saumon-courgettes et placez au four pour 20 à 25 minutes. Dès que le flan est doré, piquez un couteau pour vérifier la cuisson et servez aussitôt.

Conseil : *vous pouvez remplacer les courgettes par des épinards hachés.*

FLÉTAN EN CROÛTE AUX HERBES

4 pers. Préparation : 15 min – Cuisson : 20 min **220 kcal/pers.**

4 filets de flétan de 120 g chacun • 100 g de feuilles d'épinards frais • 2 oignons blancs • 40 g de beurre • 4 cuil. à soupe de chapelure • persil plat, ciboulette • sel, poivre du moulin

Réalisation

Rincez les pousses d'épinards et faites-les blanchir dans de l'eau bouillante légèrement salée pendant quelques minutes. Faites fondre le beurre sur feu doux ou au four à micro-ondes. Préchauffez le four à 200 °C (th. 6/7).

Découpez quatre carrés dans une feuille d'aluminium et déposez-y les filets de poisson. Badigeonnez-les de beurre fondu sur les deux faces, salez et poivrez modérément. Pelez les oignons et passez-les au mixeur avec les épinards et les herbes.

Mêlez le hachis avec la chapelure. Saupoudrez-en les filets de poisson et refermez hermétiquement les papillotes. Faites cuire au four pendant 10 à 15 minutes. Servez dès la sortie du four.

FRICASSÉE DE CREVETTES AUX ÉPICES

4 pers. Préparation : 15 min – Cuisson : 10 min ***73 kcal/pers.***

6 crevettes roses décortiquées • 1 oignon jaune • 2 gousses d'ail • 1 cuil. à soupe d'huile d'olive • quelques feuilles de basilic frais • ½ verre de vin blanc sec • gingembre en poudre • fleur de sel, poivre rose en grains

Réalisation

Hachez la chair des crevettes et réservez-la. Pelez puis émincez l'oignon en petits cubes puis écrasez l'ail. Faites-les dorer dans l'huile bien chaude avant d'y ajouter l'émincé de crevettes. Déglacez avec le vin blanc et laissez réduire quelques minutes.

Assaisonnez à votre convenance et répartissez dans de petites verrines transparentes. Servez chaud ou tiède.

GIGOT DE LOTTE VAPEUR À L'ORANGE

4 pers. Préparation : 20 min – Cuisson : 15 min ***262 kcal/pers.***

1 kg de lotte • 2 courgettes • 1 carotte • 1 orange • 2 cuil. à café de fumet de poisson • 2 cuil. à soupe de crème allégée à 8 % de MG • 1 cuil. à soupe d'huile d'olive • sel, poivre

Réalisation

Rincez les courgettes à l'eau courante et émincez-les en rubans à l'aide d'un couteau économe. Pelez les carottes et émincez-les en julienne.

Disposez le poisson au centre d'une feuille d'aluminium, côté mat à l'intérieur. Assaisonnez-le et versez dessus l'huile d'olive.

Fermez le papier pour former une papillote. Installez-la dans le panier de votre cuit-vapeur et disposez les légumes tout autour. Couvrez et laissez cuire 10 minutes environ.

Ouvrez la papillote, réservez le poisson et les légumes au chaud et recueillez le jus de cuisson. Dans une casserole, versez le jus de cuisson, le fumet de poisson, le jus de l'orange et la crème. Portez à ébullition et laissez épaissir légèrement.

Rectifiez l'assaisonnement si nécessaire, nappez le poisson de sauce et servez aussitôt.

GRATINÉ DE LOTTE À LA CIBOULETTE

4 pers. Préparation : 15 min – Cuisson : 10 min **164 kcal/pers.**

600 g de queue de lotte • 10 g de beurre allégé 40 % de MG • 15 cl de vin blanc sec • 1 œuf entier + 2 blancs • 100 g de fromage blanc à 0 % de MG • 10 brins de ciboulette • 1 cuil. à soupe de fond de poisson déshydrate

Réalisation

Préchauffez votre four à 200 °C (th. 6/7). Réhydratez le fond de poisson avec 10 cl d'eau. Coupez la lotte en petits cubes. Faites les très légèrement dorer avec le beurre (il ne doit pas brunir). Réservez.

Déglacez la poêle avec le vin blanc puis remettez les cubes de lotte dans la poêle, ajoutez le fond de poisson réhydraté, le fromage blanc et la ciboulette ciselée. Laissez épaissir quelques minutes.

Hors du feu, ajoutez l'œuf entier et incorporez les blancs d'œufs battus en neige ferme. Répartissez dans des plats à gratin individuels et placez au four pour environ 10 minutes. Servez aussitôt.

Conseil : *une fringale et le dîner est encore loin ? Sortez faire un peu d'exercice... En plus de raffermir la silhouette, le sport procure un effet « coupe-faim », encore une bonne raison de vous remettre au sport.*

GRILLADE DE THON ROUGE AUX HERBES DE PROVENCE

4 pers. Préparation 15 min – Cuisson : 20 min ***269 kcal/pers.***

1 darne de thon de 500 à 600 g • 1 boîte de tomates pelées • 1 oignon jaune • 2 gousses d'ail •1 cuil. à soupe d'huile d'olive • herbes de Provence séchées • sel, poivre du moulin

Réalisation

Saupoudrez généreusement la darne d'herbes de Provence, salez et poivrez à votre convenance. Faites-la griller au barbecue ou à la poêle sur chaque face. Pelez et émincez l'oignon. Pelez et écrasez les gousses d'ail.

Dans une casserole, faites blondir l'oignon dans l'huile puis ajoutez les tomates pelées et l'ail écrasé. Laissez fondre à couvert pendant 10 minutes environ. Salez et poivrez. Si la sauce vous paraît trop acide, ajoutez-lui une pincée de sucre semoule. Servez la darne grillée, agrémentée de sauce tomate.

LANGOUSTINES TIÈDES DÉGLACÉES AU VINAIGRE DE FRAMBOISE

4 pers. Préparation : 20 min – Cuisson : 5 min **68 kcal/pers.**

8 langoustines fraîches • 10 g de beurre salé • 1 cuil. à soupe d'huile d'olive extra vierge • 1 cuil. à soupe de vinaigre de framboise • coriandre fraîche • fleur de sel, poivre rose concassé

Réalisation

Décortiquez les langoustines et faites-les poêler dans le beurre salé. Déglacez au vinaigre de framboise. Salez et poivrez à votre convenance. Lavez et ciselez la coriandre. Dans une jatte, mélangez les langoustines tièdes avec l'huile d'olive et la coriandre ciselée et répartissez dans des verrines individuelles. Servez aussitôt.

LOTTE AUX SAVEURS DES ÎLES

4 pers. Préparation : 15 min – Cuisson : 15 min **231 kcal/pers.**

600 g de queue de lotte • 12 crevettes roses épluchées • 6 oignons nouveaux • 1 citron vert • 1 cuil. à café d'huile d'olive • 1 cuil. à soupe de crème 15 % de MG • 10 cl de lait de coco • 1 cuil. à café de gingembre frais émincé • 1 cuil. à café de poudre de curry • 1 branche de menthe fraîche • 3 branches de coriandre fraîche • 10 cl de vin blanc sec • sel, poivre

Réalisation

Émincez les oignons, faites-les suer avec le gingembre et l'huile d'olive à feu doux. Coupez la queue de lotte en médaillons, passez-la à la poêle avec les oignons en retournant afin de dorer chaque côté. Réservez.

Déglacez la poêle avec le vin blanc sec puis ajoutez la crème, le lait de coco, le curry, un filet de citron. Salez, poivrez. Laissez frémir à feu doux pendant 10 minutes. Remettez les médaillons de lotte et les crevettes dans la poêle et faites réchauffer, toujours à feu doux pendant 5 minutes.

Dressez les médaillons dans des assiettes avec la sauce, parsemez de menthe ciselée et de coriandre, décorez avec quelques tranches de citron découpées en quartiers.

MAQUEREAUX GRILLÉS À LA DIABLE

4 pers. Préparation : 30 min – Cuisson : 10 min ***209 kcal/pers.***

4 maquereaux • 4 tomates pelées • 1 échalote grise • 2 cuil. à soupe d'huile d'olive • 1 cuil. à soupe de cumin • 1 cuil. à café de sucre semoule • 1 bouquet de coriandre fraîche • quelques feuilles de menthe fraîche • 1 pincée de piment en poudre • le jus d'un citron jaune • 1 piment rouge • sel fin, poivre noir du moulin

Réalisation

Écaillez, videz et lavez les maquereaux. Entaillez les flancs des poissons tous les deux centimètres. Mélangez l'huile, le poivre, le cumin, le sucre, la coriandre et le piment en poudre. Badigeonnez les poissons de cette sauce.

Faites cuire les maquereaux au barbecue ou sous le gril du four 3 à 4 minutes de chaque côté selon la grosseur des poissons. Concassez les tomates pelées, épluchez et hachez finement l'échalote puis mélangez-les au jus de citron, au piment haché et à la menthe fraîche ciselée.

Assaisonnez à votre convenance. Placez la sauce tomate au frais jusqu'au moment de servir avec les maquereaux grillés.

MÉDAILLONS DE CABILLAUD, BEURRE BLANC AU GINGEMBRE

4 pers. Préparation : 15 min – Cuisson : 15 min **182 kcal/pers.**

4 filets de cabillaud de 100 à 120 g chacun • 1 carotte • 40 g de beurre • 1 verre de vin blanc sec • 25 cl de bouillon de volaille dégraissé • 2 cuil. à soupe de crème fraîche allégée • gingembre • sel, poivre du moulin

Réalisation

Salez et poivrez les filets de cabillaud avant de les rouler et de les maintenir ainsi à l'aide d'un cure-dents. Pelez la carotte puis détaillez-la en julienne, faites-la blanchir à l'eau bouillante salée pendant 30 secondes.

Portez le bouillon de volaille à ébullition et plongez-y délicatement les paupiettes de poisson pendant 5 à 10 minutes. Dans une casserole, portez à ébullition le vin blanc et le gingembre grossièrement râpé, puis laissez réduire de moitié. Ajoutez la crème fraîche et maintenez l'ébullition. Incorporez le beurre en morceaux sans cesser de remuer.

Réduisez le feu, ajoutez la julienne de carotte et prolongez la cuisson de quelques minutes.

Rectifiez l'assaisonnement au moment de servir les médaillons de poisson nappés de beurre au gingembre.

MINUTE DE LOUP AU BASILIC

4 pers. Prép. : 20 min – Réfrigération : 1 h ou + **320 kcal/pers.**

600 g de filet de loup • 4 branches de basilic frais • 4 cuil. à soupe d'huile d'olive extra vierge • 4 tranches de pain de campagne assez épaisses • sel, poivre noir concassé

Réalisation

Badigeonnez les filets de poisson d'huile d'olive au moyen d'un pinceau et placez au réfrigérateur pendant au moins 1 heure.

Détaillez les filets en fines lanières. Équeutez puis ciselez finement les branches de basilic. Mélangez avec l'huile restante, salez et poivrez à votre convenance. Faites griller les tranches de pain de campagne.

Dressez les assiettes : disposez les lanières de poisson sur le pain encore tiède et nappez d'huile au basilic. Servez aussitôt.

MOULES DE BOUCHOT SAUCE AU CURRY

4 pers. Préparation : 30 min – Cuisson : 25 min **271 kcal/pers.**

1 kg de moules de bouchot • 400 g de tomates pelées • 1 yaourt nature • 2 gousses d'ail • 2 oignons jaunes • 2 cuil. à soupe d'huile d'olive • 10 cl de vin blanc sec • 1 cuil. à soupe de farine de blé • 1 litre de fumet de poisson • curry en poudre • fleur de sel, poivre noir concassé

Réalisation

Nettoyez les moules et lavez-les plusieurs fois à l'eau froide. Pelez et hachez l'ail et l'oignon.

Dans une casserole à fond épais ou une cocotte, faites chauffer l'huile et laissez-y revenir le hachis d'oignon et d'ail sans les laisser colorer. Jetez-y les tomates, mélangez puis saupoudrez de farine et de curry. Laissez cuire 2 minutes en remuant puis ajoutez levain blanc et le fumet de poisson. Salez modérément. Portez à ébullition, réduisez le feu et laissez cuire à feu doux, à couvert pendant 20 minutes environ (jusqu'à ouverture des moules).

Rectifiez l'assaisonnement si nécessaire et servez bien chaud dans des petits caquelons individuels ou à défaut dans des bols de service.

MOULES FARCIES AUX HERBES

4 pers. Préparation : 10 min – Cuisson : 15 min **164 kcal/pers.**

1 litre de moules • 40 g de beurre • 1 gousse d'ail • persil et cerfeuil • 1 cuil. à soupe de cognac • 1 cuil. à soupe de chapelure • 1 cuil. à soupe de jus de citron • sel, poivre du moulin

Réalisation

Préchauffez le four à 240 °C (th. 8). Épluchez et émincez l'ail. Hachez les herbes. Réduisez le beurre en pommade, incorporez l'ail, les herbes, le cognac, et peu de sel et de poivre, la chapelure et le jus de citron. Mélangez le tout.

Débarrassez les moules de tous les filaments qui y sont accrochés, rincez-les abondamment à l'eau courante froide. Coupez-les par moitié puis farcissez-les crues. Placez-les dans un plat creux et enfournez pendant 15 minutes environ. Servez chaud.

NOIX DE SAINT-JACQUES AU CERFEUIL

4 pers. Préparation : 20 min – Cuisson : 30 min ***122 kcal/pers.***

16 noix de Saint-Jacques avec leur corail • 20 g de beurre • quelques branches de cerfeuil • sel, poivre du moulin

Réalisation

Préparez un beurre noisette : faites fondre le beurre dans une poêle à fond épais et laissez-le légèrement brunir. Passez-le au chinois en veillant à ce qu'aucune particule ne passe.

Saisissez les noix de Saint-Jacques dans ce beurre « tamisé » environ 1 minute sur chaque face, salez, poivrez. Rincez et ciselez le cerfeuil et parsemez-en les Saint-Jacques juste avant de servir.

PAPILLOTES DE SAINT-JACQUES À LA CITRONNELLE

4 pers. Préparation : 10 min – Cuisson : 15 min ***112 kcal/pers.***

400 g noix de Saint-Jacques avec leur corail • 1 bouquet de citronnelle • 1 vingtaine de pousses d'épinards • 1 cube de bouillon dégraissé • quelques brins de ciboulette • quelques graines de poivre rose • gros sel

Réalisation

Nettoyez et épluchez la citronnelle. Taillez-en les branches en fins bâtonnets. Faites-les blanchir dans 1 litre de bouillon reconstitué pendant 5 minutes environ. Hors du feu, couvrez et laissez infuser pendant quelques minutes supplémentaires. Rincez les Saint-Jacques à l'eau courante et essuyez-les dans du papier absorbant.

Nettoyez les feuilles d'épinards et disposez-les à plat sur votre plan de travail afin de constituer des papillotes.

Disposez sur chacune une noix de Saint-Jacques, salez légèrement et ajoutez quelques baies de poivre. Fermez les papillotes à l'aide des brins de ciboulette, puis déposez-les dans le panier inférieur de votre cuit-vapeur. Faites-les cuire pendant 10 minutes en utilisant le bouillon à la citronnelle. Servez bien chaud.

PAVÉS DE CABILLAUD AU CITRON ET PETITS LÉGUMES

4 pers. Préparation : 25 min – Cuisson : 20 min **201 kcal/pers.**

500 g de pavés de cabillaud • 100 g de petits pois extra fins • 100 g de pois gourmands • 200 g de carottes nouvelles • 200 g de courgettes • 1 oignon • 2 citrons • 1 cuil. à soupe de crème à 15 % de MG • 100 g de fromage blanc à 0 % de MG • mélange de 5 baies • sel

Réalisation

Lavez et épluchez les carottes, lavez les courgettes, coupez les légumes en julienne. Épluchez et coupez finement l'oignon. Faites cuire tous les légumes ensemble dans une casserole d'eau légèrement salée pendant 10 minutes, égouttez-les et réservez-les au chaud.

Pochez le cabillaud dans une grande casserole d'eau salée, égouttez-le délicatement et réservez. Faites chauffer à feu très doux la crème avec le jus des citrons, le fromage blanc, un peu de sel et des baies concassées. Mélangez bien. Dressez les assiettes avec les légumes et le poisson, recouvrez avec un peu de sauce et servez immédiatement.

PAVÉS DE CABILLAUD AUX LÉGUMES MÉDITERRANÉENS

4 pers. Préparation : 15 min – Cuisson : 15 min ***159 kcal/pers.***

600 g de pavés de cabillaud • 400 g de courgettes • 200 g de tomates cerise • 1 cuil. à soupe d'huile d'olive • 3 cuil. à café de fond de légumes • quelques brins d'estragon • 1 branche de thym • 1 branche de romarin • sel, mélange de 5 baies

Réalisation

Lavez les légumes, coupez les courgettes en petits cubes, coupez les tomates cerise en deux. Coupez les pavés de cabillaud en quatre, faites-les revenir dans une poêle avec l'huile d'olive, 5 minutes de chaque côté. Ajoutez les courgettes et les tomates, les branches de thym et de romarin, l'estragon, salez et ajoutez quelques tours de moulin de 5 baies. Ajoutez le fond de légumes avec 15 cl d'eau.

Laissez mijoter pendant 5 minutes. Retirez les branches de thym et de romarin et servez aussitôt.

Conseil : *le poisson supporte très bien le réchauffage au micro-ondes. Pensez donc à préparer une part en plus lorsque vous cuisinez, prélevez-la avant de servir le reste du plat à table et conservez-la pour emmener au bureau le lendemain… gain de temps assuré !*

PAVÉS DE SAUMON À LA CRÈME DE PASTIS

4 pers. Préparation : 15 min – Cuisson : 25 min **310 kcal/pers.**

4 pavés de saumon de 120 g chacun • 400 g d'épinards • 20 g de beurre • 4 cuil. à soupe de crème fraîche légère • 1 cuil. à soupe de pastis • 1 jaune d'œuf • sel, poivre

Réalisation

Préchauffez le four à 180 °C (th. 6). Épluchez les épinards et lavez-les soigneusement à grande eau. Faites bouillir 2 litres d'eau salée et plongez-y les légumes pendant 4 minutes. Égouttez-les, assaisonnez et ajoutez le beurre.

Dans un plat à gratin, déposez les feuilles d'épinards et posez dessus les pavés de poisson. Enfournez à four moyen et laissez cuire environ 20 minutes.

Préparez la réduction de crème au pastis : fouettez la crème dans une casserole avec le pastis, salez et poivrez. Mettez la sauce sur le feu et laissez cuire jusqu'à frémissement. Hors du feu, laissez tiédir puis incorporez le jaune d'œuf pour lier la sauce.

Servez le poisson nappé de sauce chaude.

PAVÉS DE SAUMON EN PAPILLOTES

4 pers. Prép. : 15 min – Cuisson : 5 à 10 min **298 kcal/pers.**

4 beaux filets de saumon (choisissez les queues de saumon, dépourvues d'arêtes et pensez à faire retirer la peau par votre poissonnier) • 1 citron • 4 oignons nouveaux émincés • quelques baies roses • 4 belles branches d'aneth • 1 cuil. à soupe d'huile d'olive • quelques belles feuilles de verts de poireau • 1 pincée de sel

Réalisation

Nettoyez bien les verts de poireau à l'eau courante. Plongez-les dans l'eau légèrement salée pendant 5 minutes puis égouttez-les. Préchauffez le four à 180 °C (th. 6).

Pour une papillote individuelle : disposez deux feuilles de poireau afin d'y déposer un filet de saumon. Recouvrez le saumon d'oignons, de deux rondelles de citron, d'un filet d'huile d'olive et d'une branche d'aneth. Salez.

Fermez la papillote en enroulant la feuille de poireau délicatement. Répétez l'opération pour les autres papillotes. Placez les papillotes au four pour 15 minutes. Servez immédiatement.

Conseil : *si vous n'avez pas de verts de poireau, remplacez-les par une feuille de papier sulfurisé.*

POÊLÉE DE CREVETTES SAUCE AU POIVRE ROSE

4 pers. Préparation : 15 min – Cuisson : 10 min **110 kcal/pers.**

16 grosses crevettes • 1 oignon jaune • 2 gousses d'ail • 1 cuil. à soupe d'huile d'olive • 1 branche de basilic frais • 2 cuil. à soupe de crème fraîche légère à 5 % de MG • 4 cl de vin blanc sec • sel fin, poivre rose en grains

Réalisation

Nettoyez les crevettes et essuyez-les dans du papier absorbant. Émincez l'oignon en petits cubes et écrasez l'ail dans un presse-ail. Faites-les dorer dans l'huile bien chaude, puis ajoutez les crevettes et assaisonnez le tout.

Déglacez avec le vin blanc et ajoutez quelques grains de poivre rose. Ajoutez la crème fraîche et prolongez la cuisson sur feu très doux pendant 10 à 12 minutes. Lavez et ciselez le basilic. Au moment de servir, parsemez de basilic frais et de quelques grains de poivre rose concassés.

POÊLÉE DE GAMBAS À LA CORIANDRE

4 pers. Préparation : 15 min – Marinade : 1 h – Cuisson : 10 min **125 kcal/pers.**

16 gambas • 2 cuil. à soupe de jus de citron vert • 1 cuil. à café de graines de coriandre + coriandre fraîche • 1 dose de safran en poudre • 2 cuil. à soupe d'huile d'olive • gros sel • 1 cuil. à café de poivre noir concassé

Réalisation

Préparez la marinade : mélangez le jus de citron, 1 cuillerée d'huile d'olive, le poivre concassé et le safran, les graines de coriandre et le gros sel. Décortiquez les gambas en prenant soin d'en conserver la queue. Versez la marinade sur les gambas et laissez reposer au réfrigérateur pendant au moins 1 heure.

Faites chauffer l'huile restante et poêlez-y les gambas préalablement égouttées. Déglacez avec la marinade, mélangez et rectifiez l'assaisonnement si nécessaire.

Servez dans des cassolettes et décorez de brins de coriandre fraîche.

POÊLÉE DE GAMBAS SAUCE PIQUANTE

4 pers. Préparation : 20 min – Cuisson : 10 min **107 kcal/pers.**

16 gambas • 1 mangue bien mûre • 2 oignons jaunes • quelques ciboules • 5 cl de sauce piquante (en vente en épicerie asiatique) • 2 cuil. à soupe d'huile de sésame • coriandre fraîche • 1 cuil. à café de graines de sésame • fleur de sel, poivre noir concassé

Réalisation

Décortiquez les gambas et conservez-en la queue. Pelez et émincez les oignons et les ciboules. Pelez la mangue, coupez-la en deux, retirez le noyau et coupez la chair en dés. Passez-la au mixeur.

Dans une poêle, faites chauffer l'huile et faites-y revenir vivement les oignons pendant quelques minutes. Ajoutez les gambas et laissez-les dorer quelques minutes supplémentaires. Lavez et ciselez la coriandre. Dans une jatte, mélangez la pulpe de mangue, la sauce piquante et la coriandre ciselée.

Versez ce mélange sur les gambas, mélangez et assaisonnez à votre convenance. Servez bien chaud.

POISSON CRU À LA TAHITIENNE

4 pers. Préparation : 30 min – Attente : 1 h ***300 kcal/pers.***

500 g de filets de poisson cru • 2 citrons verts • 20 cl de lait de coco • 1 oignon • 2 ou 3 carottes • 1 concombre • sel fin, poivre du moulin

Réalisation

Détaillez les filets de poisson en petits cubes. Pressez les citrons verts et mélangez le jus obtenu au lait de coco. Versez sur le poisson et réservez au frais.

Pelez puis détaillez l'oignon, le concombre et les carottes en rondelles. Ajoutez-les au poisson mariné, mélangez et replacez au frais pendant 1 heure.

Égouttez le poisson, disposez-le sur quatre assiettes de service en dôme, salez, poivrez et servez très frais.

QUEUE DE LOTTE AUX POIVRONS ET BASILIC

4 pers. Préparation : 25 min – Cuisson : 20 min ***198 kcal/pers.***

600 g de queue de lotte • 400 g de poivrons rouges • 1 gousse d'ail • 1 cuil. à soupe d'huile d'olive • 1 cuil. à soupe de crème à 15 % de MG • 2 cuil. à soupe de basilic ciselé • sel, mélange de 5 baies

Réalisation

Préchauffez votre four à 180 °C (th. 6). Lavez et coupez les poivrons en deux, retirez-en les pédoncules et les pépins. Placez-les au four pour 10 minutes, sortez-les dès que leur peau commence à noircir et couvrez-les hermétiquement pour les laisser refroidir. Retirez leur peau. Passez leur pulpe au mixeur avec l'huile d'olive afin d'obtenir une purée lisse.

Faites chauffer cette sauce avec l'ail écrasé à feu doux pendant 5 minutes, ajoutez le basilic, salez et assaisonnez du mélange de 5 baies moulu. Poursuivez la cuisson 5 minutes.

Dans un plat, déposez la queue de lotte coupée en quatre parts. Répartissez la crème sur les morceaux de lotte, salez et ajoutez du mélange de 5 baies moulu. Placez la lotte au four et laissez-la cuire 10 minutes en la couvrant avec du papier d'aluminium. Dressez les assiettes avec la lotte et la sauce aux poivrons. Servez accompagné d'une salade croquante.

ROUGETS GRILLÉS À LA MENTHE

4 pers. Préparation : 15 min – Marinade : 30 min – Cuisson : 20 min

209 kcal/pers.

4 rougets barbets de 120 g chacun • 4 tomates moyennes • 2 citrons • 2 gousses d'ail • 2 cuil. à soupe d'huile d'olive extra vierge • gingembre en poudre • 2 branches de menthe fraîche • sel, poivre noir en grains

Réalisation

Pelez, épépinez les tomates, puis coupez-les en morceaux. Pelez et écrasez les gousses d'ail.

Chauffez une cuillerée d'huile dans une sauteuse et ajoutez-y le hachis d'ail et les tomates. Laissez mijoter 10 minutes environ. Salez et poivrez. Mixez les tomates pour en faire un coulis et ajoutez-y le jus d'un demi-citron. Réservez au réfrigérateur.

Préparez la marinade : versez le jus des citrons restants dans un plat creux, le reste de l'huile, une pincée de gingembre, un peu de sel et de poivre en grains concassé.

Lavez, videz, puis épongez le poisson dans du papier absorbant avant de le plonger dans la marinade. Couvrez et placez au frais pendant 30 minutes.

Faites griller les rougets préalablement égouttés au barbecue pendant 4 minutes sur chaque face. Au moment de servir, nettoyez, ciselez la menthe et ajoutez-la au coulis de tomates. Servez le coulis en saucière et le poisson dans un plat de service.

ROULADES DE LIMANDE SUR LIT DE POIREAUX

4 pers. Préparation : 20 min – Cuisson : 25 min **210 kcal/pers.**

4 filets de limande pas trop épais • 2 cuil. à soupe de crème épaisse à 15 % de MG • 2 beaux poireaux • 1 cuil. à soupe d'aneth ciselé • 1 cuil. à café de graines de cumin • 2 cuil. à café d'huile d'olive • 1 pincée de sel

Réalisation

Préchauffez votre four à 180 °C (th. 6). Nettoyez les poireaux soigneusement à l'eau courante, émincez-les en préservant quatre belles feuilles de vert de poireau. Faites blanchir le tout pendant 5 minutes à l'eau bouillante légèrement salée puis égouttez. Réservez les feuilles de poireau entières et faites fondre dans une poêle les poireaux émincés avec l'huile d'olive pendant 5 minutes.

Salez, ajoutez le cumin et disposez cette fondue dans un plat à gratin. Dans une assiette, disposez les filets de limande, recouvrez-les de crème et d'aneth puis enroulez-les. Maintenez chaque roulade ainsi formée en la liant avec une feuille de poireau entière puis disposez-les sur la fondue de poireau. Placez au four pour 15 minutes.

SAINT-JACQUES VAPEUR AU SAUTERNES

4 pers. Préparation : 15 min – Cuisson : 5 min 97 kcal/pers.

12 noix de Saint-Jacques. • 2 échalotes • 20 cl de Sauternes • 2 cuil. à soupe de crème liquide allégée • 20 g de beurre • sel, poivre du moulin

Réalisation

Nettoyez les noix de Saint-Jacques et essuyez-les dans du papier absorbant. Disposez-les dans le bol inférieur de votre cuit-vapeur et laissez-les cuire à la vapeur pendant 5 minutes environ. Réservez au chaud.

Confectionnez la sauce : émincez les échalotes et faites-les blondir quelques minutes dans une casserole avec 10 g de beurre. Déglacez avec le sauternes et laissez réduire de moitié sur feu vif. Ajoutez la crème et rectifiez l'assaisonnement si nécessaire. Au moment de servir, poêlez les Saint-Jacques dans le restant de beurre. Disposez sur quatre assiettes de service et nappez de sauce.

SALADE DE MERLAN CRU AU SAFRAN

4 pers. Préparation : 20 min ***189 kcal/pers.***

4 petits filets de merlan • 1 citron • quelques feuilles de salade • 1 cuil. à soupe de crème fraîche liquide • ½ yaourt nature • safran en poudre • 2 cuil. à soupe d'huile d'olive • sel de Guérande, poivre noir du moulin

Réalisation

Frottez les filets de poisson avec le sel et coupez-les en gros dés. Mélangez le jus d'un citron avec le safran en poudre et l'huile d'olive puis poivrez.

Arrosez les filets de poisson et placez-les au réfrigérateur pendant 30 minutes. Égouttez le poisson puis incorporez le yaourt et la crème à la marinade.

Disposez les feuilles de salade dans quatre assiettes de service, arrosez de marinade et répartissez le poisson au centre. Dégustez bien frais.

SALADE TIÈDE DE GAMBAS, SABAYON AU CURRY

4 pers. Prép. : 15 à 20 min – Cuisson : 10 min **154 kcal/pers.**

16 gambas • 2 cuil. à soupe d'huile d'olive extra vierge • ½ citron • 200 g de mesclun • quelques feuilles de cresson • 1 branche de cerfeuil • 2 jaunes d'œufs • 5 cl de fumet de poisson • 1 pincée de curry • 2 cuil. à soupe de crème liquide allégée

Réalisation

Préparez le sabayon : faites chauffer au bain-marie les jaunes d'œufs battus, le fumet de poisson et le curry. Mélangez au fouet jusqu'à obtention d'un mélange homogène et onctueux. Retirez du feu et laissez refroidir. Ajoutez la crème liquide et placez au réfrigérateur.

Décortiquez les gambas ne conservez que les queues. Dans une poêle, faites chauffer l'huile et plongez-y les gambas. Faites-les rougir de chaque côté puis déglacez avec le jus de citron. Réservez au chaud.

Dressez les assiettes : placez au centre le mesclun ainsi que quelques feuilles de cresson. Disposez dessus les gambas en corolle, nappées de sabayon. Parsemez de cerfeuil ciselé et servez tiède.

SAUMON AUX DEUX AGRUMES

4 pers. Préparation : 30 min – Cuisson : 20 min **395 kcal/pers.**

4 pavés de saumon de 100 g chacun • 3 oranges à jus • 1 citron jaune • 2 cuil. à soupe d'huile d'olive • 4 cl de jus de litchi • 4 cuil. à soupe de Grand Marnier • 4 cuil. à soupe de fécule • 1 cuil. à soupe de sucre semoule • fleur de sel

Réalisation

Zestez un citron et une orange. Puis pressez les oranges et les citrons. Dans une jatte, mélangez les jus d'agrumes, une pincée de sel, le sucre semoule, le Grand Marnier, le jus de litchi et les zestes. Incisez les pavés de saumon en croix, faites-les mariner au moins 2 heures dans la préparation précédente et placez au frais.

Égouttez le poisson et filtrez la marinade. Saupoudrez le poisson de fécule. Faites chauffer l'huile dans une sauteuse et poêlez les pavés de poisson environ 10 minutes sur chaque face. Faites réduire la marinade de moitié.

Servez le poisson dans des assiettes de service nappé de sauce aux agrumes.

SAUMON MARINÉ À LA CITRONNELLE

4 pers. Prép. : 25 min – Marinade : 12 h **320 kcal/pers.**

400 g de filets de saumon frais • 16 crevettes roses • 1 citron jaune • 1 oignon rouge • ½ bulbe de fenouil • citronnelle fraîche • 4 cuil. à soupe d'huile d'olive extra vierge • poivre noir concassé

Réalisation

Décortiquez les crevettes et citronnez-les généreusement. Poivrez à votre convenance. Réservez au frais. Pelez et hachez grossièrement l'oignon.

Parez et détaillez le fenouil en petits morceaux. Ciselez la citronnelle et mélangez-la au fenouil. Disposez les filets de poisson dans un plat creux, parsemez-les d'aromates et arrosez d'huile. Laissez mariner au frais pendant 12 heures environ en prenant soin de les retourner une ou deux fois.

Égouttez les filets de saumon, disposez-les dans un plat de service et garnissez de crevettes au citron.

SOUFFLÉS DE SAUMON AUX HERBES FRAÎCHES

4 pers. Préparation : 30 min – Cuisson : 30 min **147 kcal/pers.**

200 g de chair de saumon cuite • 1 cuil. à soupe de farine de blé • 15 g de beurre • 25 cl de lait écrémé • 2 cuil. à soupe de miel liquide (miel de fleur, par exemple) • 1 pincée de muscade en poudre • 40 g d'herbes aromatiques (estragon, cerfeuil, aneth...) • fleur de sel, poivre noir concassé

Réalisation

Réalisez une béchamel : dans une casserole, faites fondre le beurre, ajoutez la farine et remuez. Versez peu à peu le lait sans cesser de remuer pour éviter la formation de grumeaux. Portez à ébullition pour faire épaissir la sauce. Assaisonnez et saupoudrez de muscade. Préchauffez le four à 200 °C (th. 6/7).

Mixez la chair du saumon, salez, poivrez modérément puis incorporez le hachis ainsi obtenu à la sauce. Ajoutez le miel et mélangez. Lavez puis hachez finement les herbes fraîches. Ajoutez-les à l'appareil précédemment réalisé. Répartissez dans des ramequins en verre ou en terre cuite.

Enfournez et faites cuire au bain-marie pendant 30 minutes environ. Servez dès la sortie du four.

STEAKS DE SAUMON AU GINGEMBRE ET CITRON VERT

4 pers. Préparation : 20 min – Cuisson : 15 min **155 kcal/pers.**

4 steaks de saumon • 1 cuil. à soupe d'huile de sésame • 1 cuil. à soupe de sauce soja • 1 morceau de gingembre frais finement haché • 2 cuil. à soupe de sherry sec • 1 citron vert • 1 bouquet de ciboulette • sel fin, poivre noir du moulin

Réalisation

Mélangez l'huile de sésame, la sauce de soja, le gingembre et le sherry et enduisez les steaks de saumon de ce mélange. Placez au frais et laissez mariner pendant 30 minutes environ.

Placez les steaks de poisson dans le panier supérieur de votre cuit vapeur et laissez étuver pendant 10 à 15 minutes environ. Zestez le citron puis coupez-le en quartiers. Lavez et ciselez la ciboulette.

Servez le poisson dans des assiettes de service, entouré d'herbe ciselée, de zeste et de quartiers de citron vert.

TARTARE DE DAURADE AU GINGEMBRE

4 pers. Préparation : 30 min ***202 kcal/pers.***

300 g de filets de daurade • 1 petite courgette • 1 tomate • ½ citron jaune • 50 g de gingembre frais • 1 jaune d'œuf • 1 cuil. à soupe de moutarde de Dijon • 4 cuil. à soupe d'huile d'olive • 1 cuil. à soupe de vinaigre de vin rouge • 1 cuil. à café de baies roses • sel fin, poivre du moulin

Réalisation

Pelez le gingembre puis coupez-le en petits morceaux. Mixez-le avec l'huile d'olive jusqu'à obtention d'un mélange bien homogène. Préparez une sauce mayonnaise avec l'huile ainsi parfumée. Incorporez ensuite le vinaigre de vin. Lavez la courgette puis coupez-la non pelée en petits dés de 2 à 3 mm.

Mondez la tomate, épépinez-la et coupez-en la pulpe en petits dés. Coupez la daurade en petits dés. Mélangez-les avec les dés de courgette et de tomate, incorporez la sauce mayonnaise. Ajoutez une cuillerée de jus de citron jaune, salez, poivrez.

Dressez sur quatre assiettes de service et servez bien frais.

TARTARE DE THON AUX GRAINES DE SÉSAME

4 pers. Préparation : 30 min – Attente : 30 min **249 kcal/pers.**

1 belle darne de thon d'environ 400 g • 4 cuil. à soupe d'huile d'olive extra vierge • ½ citron, • 2 cuil. à soupe de graines de sésame • 1 bouquet de coriandre fraîche • sel fin, poivre du moulin

Réalisation

Parez le poisson, débarrassez-le de ses arêtes et détaillez-le en petits cubes. Dans un bol, mélangez l'huile d'olive, la coriandre fraîchement ciselée et le jus de citron.

Versez cette marinade sur les dés de thon et mélangez. Assaisonnez à votre convenance. Placez au frais pendant au moins 30 minutes. Répartissez le tartare sur quatre assiettes de service, saupoudrez de graines de sésame et servez bien frais.

TARTARE DE TRUITE À LA CORIANDRE

4 pers. Préparation : 20 min **191 kcal/pers.**

4 filets de truite saumonée • 4 cuil. à soupe d'huile d'olive extra vierge • 1 citron jaune non traité • quelques graines de coriandre • 1 botte de coriandre fraîche • fleur de sel, poivre du moulin

Réalisation

Détaillez les filets de truite en petits cubes de taille régulière. Salez, poivrez la chair du poisson et disposez-la dans un plat à fond creux. Zestez le citron et extrayez-en le jus.

Concassez les graines de coriandre et ciselez les herbes fraîches. Recouvrez les dés de truite avec l'huile, le jus et les zestes de citron, les graines et la coriandre ciselée.

Placez au réfrigérateur pendant au moins 30 minutes. Dressez sur quatre assiettes de service et décorez de quelques brins de coriandre.

TRUITES EN PAPILLOTE À LA CRÈME D'ANETH

4 pers. Préparation : 20 min – Cuisson : 35 min **218 kcal/pers.**

2 truites de 300 g chacune • 2 carottes • 2 navets • 1 poireau • 2 tomates • 1 oignon • 4 cuil. à soupe de crème fraîche à 15 % de MG • 1 cuil. à café de grains de poivre rose • 1 cuil. à soupe d'aneth ciselé • sel, poivre du moulin

Réalisation

Coupez le poireau, l'oignon, les navets et les carottes en julienne. Pelez les tomates, épépinez-les et passez-les au mixeur. Faites cuire les légumes à l'eau bouillante salée pendant 10 minutes environ, puis égouttez-les. Dans une poêle, faites revenir une cuillerée de crème avec les oignons coupés en julienne et la concassée de tomates. Ajoutez à la julienne de légumes et assaisonnez le tout.

Nettoyez les poissons et évidez-les. Préchauffez le four à 225 °C (th. 7-8). Découpez quatre carrés de papier d'aluminium de 40 cm de côté et déposez sur chacun les légumes puis le poisson. Salez et poivrez la chair du poisson, fermez les papillotes et faites cuire à four chaud pendant 15 à 20 minutes.

Faites bouillir quelques minutes le reste de crème dans une poêle avec les grains de poivre. Salez et ajoutez l'aneth ciselé. Nappez les truites de cette sauce et servez aussitôt.

TRUITES VAPEUR ET POMMES SAFRANÉES

4 pers. Préparation : 15 min – Cuisson : 25 min – Marinade : 30 min

360 kcal/pers.

4 truites de 150 g chacune • 4 pommes de terre nouvelles • 40 g de beurre allégé • 1 pointe de safran • sel, poivre du moulin

Réalisation

Évidez et nettoyez les truites. Assaisonnez l'intérieur. Délayez le safran dans un peu d'eau froide et faites tremper les pommes de terre pelées pendant 30 minutes.

Égouttez-les. Placez les pommes de terre dans le bol inférieur du cuit-vapeur et les truites sur la grille du bol supérieur. Faites cuire à la vapeur 20 à 25 minutes.

Dressez les truites et les pommes de terre sur un plat de service et nappez de beurre fondu. Servez aussitôt.

WATERZOÏ DE POISSONS

4 pers. Préparation : 50 min – Cuisson : 15 min *297 kcal/pers.*

4 filets de turbot • 4 filets de sole • 1 queue de lotte de 400 g environ • ½ litre de moules • 1 oignon jaune • 2 carottes • 2 blancs de poireau • 1 branche de céleri • 20 cl de vin blanc sec • 20 g de beurre allégé • 1 branche de cerfeuil • sel fin, poivre noir du moulin

Réalisation

Faites fondre le beurre dans une cocotte et faites-y dorer l'oignon grossièrement haché. Ajoutez les moules et quelques feuilles de céleri, mouillez avec le vin blanc, couvrez et laissez les moules s'ouvrir à feu vif. Égouttez-les, décoquillez-les et filtrez le jus de cuisson.

Détaillez les légumes en julienne. Placez-les dans un faitout, recouvrez-les de bouillon, couvrez et laissez étuver à feu moyen pendant 10 à 15 minutes.

Déposez les poissons détaillés en morceaux, salez, poivrez, mouillez avec le restant de jus de cuisson, couvrez et prolongez la cuisson pendant 15 minutes environ.

Viandes… à croquer

AGNEAU AUX AUBERGINES

4 pers.Préparation : 20 min – Cuisson : 20 min ***287 kcal/pers.***

500 g de filet d'agneau • 300 g d'aubergine • 400 g de pulpe de tomates • 1 cuil. à soupe d'huile d'olive • 4 oignons nouveaux • 1 gousse d'ail • 1 cuil. à café de cannelle • 1 cuil. à café de cumin • sel, poivre

Réalisation

Lavez et épluchez l'aubergine, coupez-la en petits cubes. Épluchez et émincez les oignons. Faites dorer les morceaux d'agneau à la poêle, sans matière grasse. Ajoutez les dés d'aubergine et les oignons, l'huile d'olive, laissez dorer puis réservez.

Dans la même poêle, faites mijoter pendant 10 minutes la pulpe de tomates, la cannelle et le cumin. Salez et poivrez. Dressez dans les assiettes l'agneau avec les aubergines, versez dessus les tomates et servez.

Conseil : *n'hésitez pas à remplacer l'agneau par du poisson blanc, type cabillaud.*

AGNEAU AUX CHAMPIGNONS NOIRS

4 pers. Préparation : 15 min – Marinade : 1 h – Cuisson : 15 min

420 kcal/pers.

500 g de filet d'agneau • 200 g de vermicelles chinois • 2 poignées de champignons noirs • 3 cuil. à soupe de sauce de soja • 1 cuil. à soupe d'huile d'olive • 1 cuil. à café de gingembre frais haché • sel, poivre

Réalisation

Coupez l'agneau en lanières. Faites-le mariner pendant 1 heure environ dans la sauce de soja et le gingembre frais. Pendant ce temps, réhydratez les champignons noirs dans un bol avec de l'eau. Faites chauffer les vermicelles dans de l'eau bouillante, égouttez-les.

Dans une sauteuse (ou wok), poêlez l'agneau avec l'huile d'olive (conservez la sauce de soja), ajoutez les champignons noirs, les vermicelles, arrosez de sauce de soja, salez et poivrez si nécessaire et laissez mijoter pendant 5 minutes. Servez aussitôt

AGNEAU RÔTI AU PARFUM D'ANIS

4 pers. Préparation : 30 min – Attente : 15 min – Cuisson : 30 à 35 min

349 kcal/pers.

600 g d'épaule d'agneau maigre • 2 bulbes de fenouil • 2 courgettes • 8 tomates cerise • 2 gousses d'ail • 1 étoile de badiane (anis étoilé) • 2 cuil. à soupe de jus de citron • 1 cuil. à café de moutarde • 1 cuil. à soupe d'huile d'olive • sel, poivre

Réalisation

Préchauffez le four à 210 °C (th. 7). Dans un plat en terre cuite, déposez l'épaule d'agneau, badigeonnez-la d'huile d'olive à l'aide d'un pinceau et assaisonnez modérément. Disposez l'anis et les gousses d'ail, non pelées, à côté. Enfournez et laissez cuire environ 30 minutes.

Arrêtez la cuisson et laissez l'agneau au four, porte entrouverte, pendant 10 minutes. Coupez les tomates cerise en deux et déposez-les au fond du plat. Lavez le fenouil et coupez-le en deux dans le sens de la longueur. Rincez les courgettes et détaillez-les en petits cubes sans les peler. Placez les légumes dans le panier de l'autocuiseur et laissez-les cuire pendant 15 minutes.

Recueillez le jus de cuisson de la viande dans une saucière et ajoutez-y la moutarde et le jus de citron. Mélangez et rectifiez l'assaisonnement si nécessaire.

Détaillez l'agneau en tranches régulières, entourez les morceaux de viande de légumes et nappez de sauce. Servez le restant de jus déglacé en saucière.

AUMÔNIÈRES DE BŒUF À LA BROUSSE

4 pers. Préparation : 20 min – Attente : 30 min ***253 kcal/pers.***

400 g de filet de bœuf • 200 g de brousse • 4 cuil. à soupe de raisins de Corinthe • quelques brins de ciboulette • fleur de sel, poivre noir concassé

Réalisation

Enveloppez la viande dans du film alimentaire et disposez-la au congélateur pendant 30 minutes. Réhydratez les raisins secs dans un bol d'eau tiède. Égouttez-les.

Dans une jatte, mélangez le fromage, les raisins, une pincée de fleur de sel et le poivre concassé. Réservez au frais. Sortez la viande du congélateur et tranchez-la finement. Disposez les tranches de bœuf à plat sur votre plan de travail et déposez au centre une cuillerée de brousse.

Fermez vos aumônières avec un brin de ciboulette et procédez de la sorte jusqu'à épuisement des ingrédients. Disposez sur un plat de service et servez très frais.

BAVETTE GRILLÉE AU THYM FRAIS

4 pers. Préparation : 15 min – Marinade : 30 min – Cuisson : 10 min **222 kcal/pers.**

4 tranches de bavette de 120 g chacune • 2 cuil. à soupe d'huile d'olive • quelques branches de thym frais • sel, poivre du moulin

Réalisation

Rincez et ciselez les branches de thym. Huilez généreusement les tranches de bavette et parsemez-les d'herbes ciselées. Laissez en attente pendant 30 minutes environ.

Faites griller la bavette au barbecue ou au gril et assaisonnez en fin de cuisson pour éviter de dessécher la viande. Servez aussitôt.

BLANQUETTE DE VEAU

4 pers. Préparation : 25 min – Cuisson : 55 min **413 kcal/pers.**

600 g d'épaule de veau • 200 g de carottes • 200 g de champignons • 100 g d'oignon doux • 200 g de navets • 1 jaune d'œuf • 100 g de fromage blanc à 0 % de MG • bouquet garni • 10 cl de vin blanc sec • sel, poivre

Réalisation

Coupez l'épaule de veau en morceaux. Lavez et épluchez les carottes et les navets, coupez-les en dés. Épluchez et émincez l'oignon. Dans un faitout, mettez les morceaux de veau, les carottes, les navets et l'oignon. Salez, poivrez, ajoutez le vin blanc et le bouquet garni. Laissez mijoter pendant 40 minutes à feu doux.

Lavez sous l'eau courante les champignons, émincez-les et ajoutez-les au faitout avec la viande. Prolongez la cuisson pendant 10 minutes.

Retirez les morceaux de viande et les légumes à l'aide d'une écumoire, passez le bouillon dans un tamis. Mixez les carottes, les navets et les oignons avec le bouillon et le fromage blanc. Ajoutez les champignons en lamelles et passez la sauce à feu doux pendant 5 minutes, nappez la viande avec cette sauce. Servez aussitôt.

BŒUF AUX OIGNONS

4 pers. Préparation : 15 min – Cuisson : 10 min ***171 kcal/pers.***

3 tranches de rumsteck de 100 g chacune • 4 oignons moyens • 2 cuil. à soupe de sauce soja • 2 cuil. à soupe de vinaigre de vin blanc • 1 cuil. à café de sucre semoule • 1 cuil. à soupe d'huile de sésame • gingembre frais râpe

Réalisation

Épluchez les oignons et émincez-les grossièrement. Faites chauffer l'huile dans une sauteuse. Faites-y revenir les oignons. Lorsqu'ils sont dorés, ajoutez 5 cl d'eau, saupoudrez de gingembre et salez légèrement. Réduisez le feu, couvrez et prolongez la cuisson jusqu'à ce que les oignons soient tendres. Déglacez avec le vinaigre et saupoudrez de sucre semoule. Prolongez la cuisson d'une minute.

Coupez la viande de bœuf en lanières épaisses de 4 mm. Sortez les oignons et réservez-les au chaud. Saisissez la viande sur feu vif et ajoutez la sauce soja. Jetez les oignons dans la sauteuse, remuez et rectifiez l'assaisonnement si nécessaire. Servez aussitôt.

BŒUF AUX POIREAUX

4 pers. Préparation : 15 min – Cuisson : 1 h **342 kcal/pers.**

600 g de bœuf à braiser • 500 g de poireaux • 25 cl de vin blanc sec • 70 g de concentré de tomates • 1 cuil. à café d'huile d'olive • 2 gousses d'ail • 1 cuil. à café de coriandre en graines • 1 cuil. à café de baies roses • sel, poivre

Réalisation

Dans un faitout, faites revenir la viande à feu moyen avec l'huile d'olive. Lavez et taillez les poireaux en petits morceaux, ajoutez-les à la viande avec le concentré de tomates, la coriandre, les baies roses et l'ail écrasé.

Versez le vin blanc, salez, poivrez, remuez bien puis couvrez le tout. Laissez cuire à feu doux pendant 1 heure en remuant à mi-cuisson. Servez.

BŒUF BRAISÉ AUX PETITS LÉGUMES

4 pers. Préparation : 30 min – Cuisson : 1 h 15 **302 kcal/pers.**

600 g de paleron • 4 carottes nouvelles • 2 oignons nouveaux • 2 gousses d'ail • 1 blanc de poireau • 10 cl de vin blanc • 10 cl de bouillon de bœuf dégraissé • 1 cuil. à soupe rase de farine • 1 cuil. à soupe d'huile de tournesol • 1 bouquet garni • sel fin, poivre noir du moulin

Réalisation

Détaillez la viande en morceaux. Épluchez puis hachez grossièrement les oignons et l'ail. Émincez les carottes en rondelles. Détaillez le poireau en julienne. Faites rissoler la viande dans l'huile chaude, ajoutez les oignons et l'ail et laissez-les colorer. Saupoudrez de farine et remuez vivement.

Mouillez avec le vin blanc et le bouillon de bœuf. Au besoin, rallongez avec un peu d'eau. La viande doit être entièrement imbibée de liquide de cuisson. Ajoutez le bouquet garni. Assaisonnez modérément puis ajoutez les carottes et le poireau émincés.

Couvrez et laissez mijoter 1 heure avant de vérifier une première fois la cuisson et l'assaisonnement. Prolongez de 15 à 20 minutes au besoin. Servez en cocotte.

BŒUF MARINÉ AU NUOC-MÂM

4 pers. Préparation : 25 min – Cuisson : 10 min **267 kcal/pers.**

300 g de viande de bœuf maigre • 1 oignon jaune • 1 concombre • 1 cœur de batavia • 1 botte de menthe • 2 échalotes grises • 10 cl de nuoc-mâm • 1 cuil. à soupe d'huile de sésame • 1 cuil. à soupe de vinaigre de vin 100 g de vermicelle de riz • 100 g de pousses de soja • 1 cuil. à soupe de sucre semoule • 1 tige de citronnelle • 1 carotte • 1 cuil. à soupe de jus de citron jaune

Réalisation

Faites ramollir le vermicelle pendant 2 heures dans un saladier plein d'eau. Épluchez et râpez la carotte et laissez-la mariner dans 20 cl d'eau avec le vinaigre, une cuillerée à café de sucre et une pincée de sel. Coupez la viande en petits morceaux.

Dans un saladier, laissez-la mariner dans le nuoc-mâm et la citronnelle finement hachée. Lavez la salade et les feuilles de menthe. Ciselez-les.

Égouttez le vermicelle et plongez-le dans de l'eau bouillante légèrement salée pendant 2 à 3 minutes. Dans des bols de service, répartissez le soja préalablement égoutté, la batavia, la menthe et le vermicelle.

Épluchez et détaillez les oignons. Faites-les suer dans une cuillerée d'huile puis ajoutez la viande marinée. Ajoutez-les au mélange précédent. Détaillez finement le concombre, râpez la carotte et hachez les échalotes. Terminez de composer les bols et servez aussitôt.

BŒUF SAUTÉ AUX OIGNONS NOUVEAUX

4 pers. Préparation : 20 min – Cuisson : 15 min *180 kcal/pers.*

400 g de viande de bœuf maigre (rumsteck, par exemple) • 4 oignons moyens • 2 cuil. à soupe de sauce de soja • 2 cuil. à soupe de vinaigre de vin blanc • 1 cuil. à café de sucre semoule • 1 cuil. à soupe d'huile de sésame • sel fin, poivre noir concassé

Réalisation

Émincez grossièrement les oignons. Faites chauffer une cuillerée d'huile dans une sauteuse. Faites revenir les oignons, salez, poivrez modérément, mélangez puis réservez.

Détaillez le bœuf en lanières et saisissez-le dans le restant d'huile. Déglacez avec le vinaigre et saupoudrez de sucre semoule. Ajoutez la sauce de soja et les oignons poêlés. Couvrez et prolongez la cuisson sur feu doux pendant 5 minutes supplémentaires. La viande doit rester tendre et ne doit, par conséquent, pas être bouillie. Servez bien chaud.

BOULETTES DE BŒUF FAÇON CHOUCHOUKA

4 pers. Préparation : 25 min – Cuisson : 1 h 10 326 kcal/pers.

400 g de steak haché à 5 % de MG • 4 œufs extra frais • 2 poivrons rouges • 2 poivrons verts • 1 poivron jaune • 3 gousses d'ail • 2 oignons • 500 g de tomates olivettes • 1 cuil. à soupe d'huile d'olive • 1 cuil. à soupe de vinaigre balsamique • ½ bouquet de coriandre fraîche • sel, mélange de 5 baies

Réalisation

Lavez et coupez les tomates en cubes. Lavez et coupez les poivrons en lamelles en prenant soin de retirer les pédoncules et les pépins. Pelez et émincez les oignons. Mettez les oignons, les tomates et les poivrons dans une sauteuse, ajoutez l'huile d'olive, la moitié de la coriandre, l'ail pressé, le vinaigre, du sel et du mélange de 5 baies. Laissez cuire à feu doux pendant 1 heure en couvrant.

Formez des boulettes de la taille d'une noix avec le steak haché mélangé à un peu de coriandre ciselée. Mettez les boulettes à cuire avec les légumes et poursuivez la cuisson 10 minutes à feu doux. Cassez les œufs sur les légumes et laissez-les cuire en couvrant, sans les casser ; le blanc doit être cuit, mais le jaune doit rester coulant. Servez.

Conseil : *cette petite variante de la chouchouka, allégée en matière grasse, est une bonne idée pour cuisiner les steaks hachés autrement… Traditionnellement, la chouchouka se déguste froide, à vous cependant d'adapter sa température au gré de vos envies et de la saison.*

BROCHETTES DE PORC LAQUÉ AUX FIGUES

4 pers. Préparation : 15 min – Cuisson : 15 min **262 kcal/pers.**

600 g de filet mignon de porc • 4 figues • 1 gousse d'ail • le jus d'une orange • 2 cuil. à soupe de vin blanc • 2 cuil. à soupe de miel • gingembre en poudre • 1 cuil. à soupe d'huile de sésame • 3 cuil. à soupe de sauce soja

Réalisation

Coupez la viande en gros cubes et déposez-les dans un plat creux. Préparez la marinade : pelez et pressez l'ail en purée. Pressez le jus d'orange, mélangez-le à l'ail, au vin blanc, à l'huile, au miel et à la sauce soja.

Saupoudrez la viande de gingembre puis arrosez-la de marinade. Mélangez, couvrez et réservez la viande au réfrigérateur pendant 30 minutes au moins.

Rincez et séchez les figues puis coupez-les en quartiers de taille identique. Formez les brochettes en alternant les morceaux de viande avec les quartiers de fruit.

Versez la marinade dans une casserole et laissez-la réduire sur feu vif pour qu'elle épaississe en sirop. Badigeonnez les brochettes de marinade et faites griller au barbecue ou sous le gril du four pendant 10 minutes environ. Servez aussitôt.

BROCHETTES DE VEAU AUX DEUX POIVRES

4 pers. Préparation : 15 min – Marinade : 12 h – Cuisson : 15 min

237 kcal/pers.

600 g de noix de veau • 2 tomates bien mûres • 2 oignons jaunes • 1 cuil. à soupe d'huile d'olive aromatisée aux herbes de Provence • 1 verre de Maury (vin doux naturel) • 1 cuil. à soupe de vinaigre de vin blanc • 1 branche de romarin • poivre vert et rose en grains • fleur de sel

Réalisation

La veille, préparez la marinade : dans un plat creux, mélangez le Maury, le vinaigre de vin, quelques grains de poivre et du romarin émietté. Détaillez la viande en cubes de taille régulière et faites-la macérer, au frais, pendant toute une nuit.

Le jour même, détaillez les tomates et les oignons en gros quartiers. Confectionnez les brochettes en alternant cubes de viande et quartiers de tomate et d'oignon. Badigeonnez-les d'huile aromatisée à l'aide d'un pinceau de cuisine. Filtrez et réservez la marinade.

Faites griller les brochettes 7 à 8 minutes au barbecue en les retournant régulièrement et en les arrosant de marinade réservée à cet effet. Servez bien chaud.

CARPACCIO DE BŒUF PARMIGGIANO

4 pers. Préparation : 20 min – Attente : 30 min **206 kcal/pers.**

400 g de filet de bœuf • ½ citron • 2 cuil. à soupe d'huile d'olive • 1 bouquet de basilic frais • 40 g de parmesan • fleur de sel, poivre noir concassé

Réalisation

Enveloppez la viande dans du film alimentaire et placez-la dans votre freezer pendant au moins 30 minutes. Extrayez le jus du citron et mélangez-le à l'huile d'olive. Poivrez modérément. Lavez le bouquet de basilic puis ciselez-le grossièrement.

Tranchez finement la viande à l'aide d'un couteau bien aiguisé et disposez-la en corolle sur quatre assiettes de service. Nappez de sauce citronnée, saupoudrez de fleur de sel, ajoutez quelques copeaux de parmesan. Conservez au frais jusqu'au moment de servir.

CARRÉ D'AGNEAU AUX CITRON ET BAIES DE GENIÈVRE

4 pers. Préparation : 15 min – Marinade : 1 h – Cuisson : 30 min **358 kcal/pers.**

600 g de carré d'agneau • 2 gousses d'ail • 1 citron • 2 cuil. à soupe d'huile d'olive extra vierge • 1 cuil. à café de baies de genièvre • 1 branche de romarin • poivre noir du moulin

Réalisation

Prélevez le zeste du citron et pressez le fruit. Pelez les gousses d'ail. Dans un mortier, broyez au pilon les baies de genièvre, l'ail, le zeste et le jus du citron, le romarin et l'huile d'olive. Placez l'agneau dans un plat creux, poivrez et versez la marinade. Placez au réfrigérateur pendant au moins 1 heure.

Préchauffez le four à 210 °C (th. 7). Faites cuire votre agneau mariné à four chaud pendant 15 à 20 minutes. En fin de cuisson, placez-le sous le gril du four, de chaque côté, pour le faire légèrement dorer. Servez aussitôt.

CÔTES DE PORC RÔTIES, GALETTE DE LAITUE AUX CÈPES ET AUX HERBES

4 pers. Préparation : 20 min – Cuisson : 1 h **380 kcal/pers.**

1 carré de côtes de porc de 700 g environ • 2 cuil. à soupe d'huile d'olive • 20 cl de bouillon de volaille dégraissé • 2 laitues • 200 g de cèpes • 2 gousses d'ail • 3 échalotes moyennes • 4 cuil. à soupe de crème fleurette allégée • ciboulette • sel de Guérande, poivre du moulin

Réalisation

Préchauffez le four à 180 °C (th. 6). Salez modérément et poivrez votre carré de côtes de porc et placez-le dans un plat à feu. Enfournez et laissez cuire 30 à 45 minutes en prenant soin de l'arroser régulièrement avec le bouillon de volaille au cours de la cuisson.

Préparez les galettes de laitue : nettoyez la salade et débarrassez-la des feuilles abîmées. Séparez les feuilles de laitue et faites-les blanchir quelques minutes à l'eau bouillante légèrement salée. Égouttez-les et réservez.

Nettoyez les champignons et faites-les sauter à l'huile d'olive. Ajoutez l'ail pilé, les échalotes hachées et la ciboulette ciselée. Déglacez avec pour enrober tous les morceaux. Mouillez avec le vin, la même quantité d'eau, ajoutez une pointe de cannelle, le clou de girofle, les haricots blancs et les tomates.

Couvrez et laissez mijoter sur feu très doux pendant 2 heures environ en prenant soin de remuer de tant à autre en cours de cuisson. Parsemez de persil plat ciselé avant de servir.

CURRY DE PORC À L'ANANAS

4 pers. Préparation : 20 min – Marinade : 1 h – Cuisson : 30 min

288 kcal/pers.

1 filet mignon de porc de 500 g environ • 2 tranches d'ananas au sirop au naturel • 2 yaourts bulgares • 2 gousses d'ail • 1 citron vert • 100 g de tomates pelées et épépinées • 2 oignons jaunes • 1 cuil. à café de cannelle en poudre • 1 bouquet de coriandre fraîche • 2 cuil. à soupe d'huile d'olive • curry en poudre • sel fin, poivre noir du moulin

Réalisation

Pelez et écrasez les gousses d'ail. Pelez et émincez les oignons. Pressez le citron vert. Dans une jatte, mélangez les yaourts brassés, une pincée de curry, l'ail et le jus de citron vert. Détaillez la viande en gros cubes et ajoutez-les à la Préparation précédente, mélangez bien et laissez macérer au moins 1 heure au frais.

Détaillez grossièrement l'ananas. Faites chauffer l'huile dans une cocotte. Bien chaude, jetez-y les oignons émincés, les morceaux d'ananas, puis saupoudrez de cannelle. Mélangez et laissez dorer quelques minutes. Ajoutez la viande, les tomates, salez, poivrez et mélangez. Couvrez et laissez mijoter 20 minutes environ.

Au moment de servir, versez la viande dans un plat de service creux et parsemez de coriandre fraîchement ciselée.

CURRY DE VEAU

4 pers. Préparation : 15 min – Marinade : 1 h – Cuisson : 45 min

313 kcal/pers.

600 g de noix de veau • 200 g d'oignon • 400 g de tomates olive • 70 g de concentré de tomates • 2 gousses d'ail • 1 cuil. à soupe d'huile d'olive • 100 g de fromage blanc à 0 % de MG • 2 cuil. à soupe de curry • sel, poivre

Réalisation

Pelez et hachez les oignons au mixeur. Faites-les revenir dans une poêle à feu doux avec l'huile d'olive. Lorsqu'ils commencent à dorer, ajoutez les morceaux de viande pour les faire dorer.

Lavez et coupez les tomates en petits dés. Ajoutez à la viande les dés de tomate, le curry, l'ail écrasé, le concentré de tomates et le fromage blanc, salez et poivrez. Ajoutez 20 cl d'eau et laissez mijoter pendant 45 minutes à feu doux.

Maintenez au chaud jusqu'au service.

ÉMINCÉ DE VEAU AU BASILIC

4 pers. Préparation : 15 min – Cuisson : 30 min **251 kcal/pers.**

600 g de noix de veau • 200 g de coulis de tomates • 1 cuil. à soupe d'huile d'olive • 1 cuil. à soupe de vinaigre balsamique • 1 bouquet de basilic • 2 gousses d'ail • 1 bouquet garni • sel, poivre

Réalisation

Découpez la noix de veau en cubes (pas trop petits). Faites revenir la viande dans un faitout avec l'huile d'olive pendant 5 minutes en la tournant afin de bien faire dorer les côtés.

Ajoutez le coulis de tomates, l'ail écrasé, le basilic ciselé, le vinaigre et le bouquet garni. Salez, poivrez et couvrez. Laissez mijoter à feu doux pendant 30 minutes en tournant régulièrement. Retirez le bouquet garni et dressez dans un plat de service. Servez.

Conseil : *n'attendez pas de ressentir la soif pour boire un verre d'eau. Pour penser à boire régulièrement, ayez toujours avec vous une petite bouteille d'eau (25 ou 50 cl) que vous remplirez régulièrement à une fontaine, vous boirez l'eau plus facilement que dans une grande bouteille.*

ESCALOPES NORMANDES

4 pers. Préparation : 20 min – Cuisson : 15 min **314 kcal/pers.**

4 escalopes de veau de 120 g chacune • 150 g de champignons de couche • 4 cl de vin blanc sec • 10 g de beurre • 1 cuil. à soupe de moutarde à l'ancienne • 100 g de fromage blanc à 0 % de MG • 1 jaune d'œuf • sel fin, poivre noir du moulin

Réalisation

Faites fondre le beurre dans une poêle et faites-y revenir les escalopes. Une fois dorées, réservez-les au chaud. Dans la même poêle, faites revenir les champignons que vous aurez préalablement émincés. Déglacez la poêle avec le vin blanc et assaisonnez. Replacez les escalopes et laissez-les mijoter à couvert pendant 10 à 12 minutes.

Dans un bol, mélangez la moutarde, le fromage blanc et le jaune d'œuf. Au moment de servir, dressez les escalopes sur un plat de service et liez la sauce avec le mélange précédent. Réchauffez-la sans la faire bouillir. Nappez la viande et servez bien chaud.

ESTOUFFADE DE BŒUF AUX ÉPICES

4 pers. Préparation : 30 min – Cuisson : 2 h — *396 kcal/pers.*

1 gîte de noix de bœuf d'environ 1 kg • 100 g de haricots blancs • 2 ou 3 carottes • 4 tomates • 2 oignons jaunes • 1 gousse d'ail • 2 cuil. à soupe de farine de blé • 50 cl de vin rouge corsé • thym • laurier • cannelle en poudre • 1 clou de girofle • persil plat • 2 cuil. à soupe d'huile d'arachide • sel, poivre du moulin

Réalisation

Préchauffez le four à 180 °C (th. 6). Détaillez le gîte de bœuf en morceaux de taille identique. Pelez et épépinez les tomates et découpez-les en cubes. Pelez les oignons et les carottes, et découpez-les en rondelles. Faites blanchir les haricots blancs dans une casserole d'eau bouillante légèrement salée.

Dans une grande cocotte en fonte, faites chauffer l'huile. Faites-y revenir les morceaux de viande. Ajoutez tour à tour, les oignons, les carottes, du thym, du laurier, la gousse d'ail pelée et écrasée, une pincée de sel et du poivre. Faites revenir le tout sur feu vif pendant quelques minutes. Réduisez le feu, saupoudrez de farine puis remuez pour enrober tous les morceaux.

Mouillez avec le vin, la même quantité d'eau, ajoutez une pointe de cannelle, le clou de girofle, les haricots blancs et les tomates.

Couvrez et laissez mijoter sur feu très doux pendant 2 heures environ en prenant soin de remuer de tant à autre en cours de cuisson. Parsemez de persil plat ciselé avant de servir.

FILET DE BŒUF AUX PETITS LÉGUMES

4 pers. Préparation : 20 min – Cuisson : 40 min **356 kcal/pers.**

600 g de filet de bœuf • 4 pommes de terre moyennes • 4 carottes • 2 blancs de poireau • 8 petits oignons grelots • sel de Guérande • poivre du moulin

Réalisation

Épluchez les pommes de terre, les carottes et les petits oignons. Détaillez-les en rondelles. Nettoyez et émincez les poireaux.

Disposez tous les légumes dans le bol inférieur du cuit-vapeur. Assaisonnez. Posez dessus le filet de bœuf coupe en quatre tranches de taille égale. Faites cuire à la vapeur pendant 40 minutes environ.

Servez la viande avec un beurre manié, et une jardinière de légumes.

FILET MIGNON DE VEAU EN CROÛTE D'HERBES

4 pers. Préparation : 20 min – Cuisson : 20 min **237 kcal/pers.**

500 g de filet mignon de veau • 100 g de feuilles d'épinards frais • 2 oignons blancs • 40 g de beurre • 4 cuil. à soupe de chapelure • 40 g d'herbes fraîches (persil, ciboulette, origan, marjolaine…) • sel fin, poivre noir du moulin

Réalisation

Rincez les pousses d'épinards et faites-les blanchir dans de l'eau bouillante légèrement salée pendant quelques minutes. Faites fondre le beurre sur feu doux ou au four à micro-ondes.

Découpez quatre carrés dans une feuille d'aluminium et déposez-y le filet mignon détaillé en quatre tranches fines. Badigeonnez-les de beurre fondu sur les deux faces, salez et poivrez modérément. Préchauffez votre four à 200 °C (th. 6/7).

Pelez les oignons et passez-les au mixeur avec les épinards et les herbes lavées et équeutées. Mêlez le hachis avec la chapelure. Saupoudrez les filets de viande avec cette panure et refermez hermétiquement les papillotes. Enfournez et laissez cuire 20 à 25 minutes. Vérifiez la cuisson (le veau doit être bien cuit) et servez aussitôt.

FILET MIGNON DE VEAU SAUCE MADÈRE

4 pers. Préparation : 20 min – Cuisson : 25 min **189 kcal/pers.**

400 g de filet mignon de veau • 10 g de beurre • 2 cuil. à soupe de crème fraîche légère • 5 cl de madère • 1 cuil. à café de concentré de tomates • sel fin, poivre noir concassé

Réalisation

Détaillez le filet mignon en huit morceaux. Poivrez généreusement la viande et salez. Dans une cocotte, faites fondre le beurre et faites-y braiser sur feu vif le filet mignon sur chaque face. Déglacez les sucs de la viande au madère.

Dans un bol, mélangez le concentré de tomates et la crème fraîche. Liez la sauce au madère avec la crème à la tomate et rectifiez l'assaisonnement si nécessaire. Réduisez le feu, couvrez et laissez mijoter pendant 15 minutes environ. Au moment de servir, dressez les noix sur quatre assiettes de service et nappez de sauce.

FILET MIGNON ET SES PETITS LÉGUMES

4 pers. Préparation : 15 min – Cuisson : 50 min **266 kcal/pers.**

800 g de filet mignon • 200 g de carottes • 200 g d'oignons doux • 100 g de poivron jaune • 100 g de poivron rouge • 200 g de courgettes • 1 cuil. à soupe d'huile d'olive • cumin en grains • 25 cl de bouillon aux herbes • sel, poivre

Réalisation

Lavez et parez les légumes. Coupez les carottes en tranches fines, les courgettes en dés, les poivrons en lanières. Émincez les oignons. Coupez le filet mignon en quatre gros morceaux.

Faites-le revenir quelques minutes avec l'huile d'olive en tournant les morceaux afin de dorer chaque côté. Ajoutez les oignons et les carottes et faites revenir à feu doux pendant 5 minutes. Ajoutez les courgettes, les poivrons, le bouillon aux herbes, du cumin, salez et poivrez.

Couvrez et laissez cuire à feu très doux pendant 45 minutes en retournant les morceaux de filet à mi-cuisson. Dressez dans des assiettes et servez.

FOIE DE VEAU POÊLÉ AUX CIBOULES

4 pers. Prép. : 15 min – Cuisson : 15 à 20 min **240 kcal/pers.**

4 tranches de foie de veau de 120 g chacune • 2 blancs de poireau • 4 ciboules • 40 g de beurre • 2 cuil. à soupe de sauce de soja • 1 cuil. à soupe de vinaigre de cidre • sel, poivre noir du moulin

Réalisation

Parez les blancs de poireau et les ciboules et détaillez-les en fine julienne. Dans un bol, délayez la sauce de soja avec le vinaigre de cidre. Faites chauffer la moitié du beurre dans une sauteuse. Ajoutez les légumes et laissez-les fondre pendant 10 à 12 minutes. Salez et poivrez à votre convenance. Arrêtez la cuisson et réservez.

Faites fondre le restant de beurre dans une poêle. Faites revenir le foie de chaque côté pas plus de quelques minutes, il doit rester rosé à l'intérieur.

Déglacez avec le mélange vinaigre et sauce de soja et remuez. Ajoutez les légumes et poursuivez la cuisson pendant 2 à 3 minutes. Servez bien chaud.

GOULASCH TCHÈQUE

4 pers. Préparation : 30 min – Cuisson : 1 h *278 kcal/pers.*

600 g de bœuf à braiser • 2 oignons jaunes • 2 poivrons rouges • 2 cubes de bouillon de bœuf • 4 tomates • 10 g de beurre • 2 cuil. à soupe d'épices à goulasch • 10 cl de vin rouge corsé • sel fin, poivre noir du moulin

Réalisation

Coupez la viande en cubes. Pelez et émincez les oignons. Coupez les extrémités des poivrons, débarrassez-les des parties blanches, ligneuses et épépinez-les. Détaillez-les en lanières.

Faites fondre le beurre dans une sauteuse et faites-y revenir l'oignon. Ajoutez-y l'émincé de poivron rouge et la viande. Ajoutez les cubes de bouillon émiettés, les épices, le vin et recouvrez d'eau. Couvrez et laissez mijoter pendant 20 minutes environ.

Retirez les pédoncules des tomates et plongez-les dans l'eau bouillante quelques secondes. Égouttez-les, pelez-les, épépinez-les et coupez-les en larges lamelles. Ajoutez les lamelles de tomate dans la sauteuse et poursuivez la cuisson pendant 25 minutes. Servez bien chaud dans des bols de service.

JAMBON À L'ANANAS

4 pers. Préparation : 10 min – Cuisson : 1 h 15 **256 kcal/pers.**

4 tranches épaisses (1 cm) de jambon à l'os • 1 carotte • 1 oignon jaune • 2 clous de girofle • 1 bouquet garni • 1 branche de céleri • 4 tranches d'ananas au sirop • 20 cl de vin blanc sec • 2 cuil. à soupe de sucre semoule • 10 g de beurre • sel fin, poivre noir en grains

Réalisation

Épluchez la carotte et coupez-la en rondelles. Pelez l'oignon et piquez-le des 2 clous de girofle. Effilez la branche de céleri.

Dans un faitout, placez le jambon, ajoutez les rondelles de carotte, l'oignon, le bouquet garni, le vin blanc, la branche de céleri, du sel et du poivre en grains. Couvrez d'eau et laissez cuire pendant environ 1 heure.

Égouttez le jambon et retirez-en la couenne. Badigeonnez les tranches de jambon de sirop d'ananas et saupoudrez de sucre en poudre. Faites caraméliser au gril en retournant la viande à mi-cuisson.

Au moment de servir, faites chauffer le beurre dans une poêle et passez-y rapidement les tranches d'ananas. Servez le jambon caramélisé dans des assiettes de service entouré de tranches d'ananas rôti.

JAMBON CUIT CARAMÉLISÉ

4 pers. Préparation : 15 min – Cuisson : 5 min **184 kcal/pers.**

4 tranches épaisses de jambon blanc de 150 g • 2 cuil. à soupe de miel • 2 cuil. à soupe de vinaigre à vin • 2 cuil. à soupe d'huile de sésame • sel fin, poivre moulu

Réalisation

Badigeonnez les tranches de jambon de miel liquide. Faites chauffer l'huile dans une cocotte et faites-y caraméliser le jambon.

Mouillez avec le vinaigre et deux petits verres d'eau, salez et poivrez à votre convenance puis refermez la cocotte. Laissez cuire à la vapeur pendant 5 minutes et servez aussitôt.

LÉGUMES FARCIS

4 pers. Préparation : 25 min – Cuisson : 25 min **215 kcal/pers.**

4 tomates allongées • 2 petites courgettes • 300 g de steak haché à 5 % de MG • 2 tranches de jambon blanc • 1 bel oignon • 3 cuil. à café d'huile d'olive • cumin en grains • sel, poivre

Réalisation

Préchauffez votre four à 210 °C (th. 7). Lavez et coupez les tomates dans la longueur. Retirez la pulpe (en la conservant pour la farce). Lavez les courgettes, retirez les pédoncules, coupez-les en deux puis de façon longitudinale. Retirez le centre des courgettes à l'aide d'une cuillère à café.

Mixez le jambon et l'oignon, mélangez le steak haché, le jambon, l'oignon, la pulpe de tomate réservée, l'huile d'olive, du cumin, du sel et du poivre pour obtenir une farce homogène.

Garnissez les légumes avec la farce, disposez dans un plat à gratin et laissez cuire 25 minutes.

***Conseil :** ces légumes farcis peuvent être cuisinés à l'avance et surgelés, pensez donc à doubler les quantités puis à en conserver une partie pour en consommer un autre jour.*

MIGNON DE PORC AU SÉSAME ET SA COMPOTE DE FRUITS

4 pers. Préparation : 20 min – Cuisson : 45 min ***325 kcal/pers.***

600 g de filet mignon • 1 cuil. à soupe d'huile d'olive • 1 cuil. à soupe de graines de sésame • 1 citron • 200 g de pomme épluchée • 200 g de nectarine épluchée • 15 cl de vin blanc sec • coriandre fraîche • sel, poivre

Réalisation

Roulez le filet mignon dans les graines de sésame. Faites-le revenir avec l'huile d'olive dans un faitout pendant 5 minutes en le retournant afin de faire dorer chaque côté. Ajoutez le vin blanc, du sel, du poivre et 10 cl d'eau, couvrez et laissez cuire à feu très doux pendant 40 minutes.

Pendant la cuisson, coupez les fruits en petits cubes, faites fondre les morceaux de pomme et de nectarine légèrement avec 10 cl d'eau. Lorsqu'ils sont bien moelleux, ajoutez la nectarine, de la coriandre et le jus du citron, continuez la cuisson à feu doux pendant 5 minutes en remuant régulièrement. Réservez au chaud en attendant la fin de la cuisson de la viande. Coupez le filet mignon en tranches et servez accompagné de la compotée de fruits.

Conseil : *pendant la saison automne-hiver, remplacez les nectarines par des quartiers d'orange... Attention cependant à ne pas reprendre de fruit au cours du repas, contentez-vous d'un laitage au dessert.*

MILLEFEUILLE DE VEAU

4 pers. Préparation : 15 min – Cuisson : 20 min ***317 kcal/pers.***

4 escalopes de veau • 1 petite aubergine • 100 g de mozzarella • 2 tomates • 2 échalotes • 2 cuil. à soupe d'huile d'olive • 4 feuilles de sauge • sel fin, poivre du moulin

Réalisation

Coupez l'aubergine en tranches régulières. Détaillez les tomates en rondelles assez épaisses. Épluchez et émincez les échalotes. Faites chauffer l'huile dans une sauteuse et plongez-y les tranches aubergine. Épongez-les et réservez.

Réalisez les mille-feuilles : déposez sur chaque tranche de viande, quelques lamelles d'aubergine, une rondelle de tomate, les échalotes émincées, deux ou trois tranches de mozzarella et une feuille de sauge. Salez et poivrez.

Enveloppez-les dans du papier d'aluminium. Déposez-les dans le bol inférieur du cuit vapeur et laissez cuire pendant 20 minutes environ. Servez aussitôt.

MINI BROCHETTES D'AGNEAU MARINÉ, TOMATES ET ASPERGES VERTES

4 pers. Préparation : 15 min – Cuisson : 10 min **250 kcal/pers.**

500 g de filet d'agneau (ou gigot d'agneau) • 2 tomates olivettes • 16 tomates cerise • 200 g d'asperges vertes • 1 cuil. à soupe de basilic ciselé • 1 citron • 1 gousse d'ail • sel, poivre

Réalisation

Mélangez le jus du citron, l'ail pilé et le basilic. Salez, poivrez. Puis faites mariner l'agneau environ 2 heures. Coupez les tomates en quartiers, faites-les cuire au gril avec les asperges. Réservez au chaud.

Coupez l'agneau en morceaux, préparez les brochettes en alternant agneau et tomates cerise. Faites cuire les brochettes au gril, sans matière grasse et présentez les brochettes accompagnées des tomates et des asperges. Arrosez le tout avec un peu de la marinade restante.

Conseil : *ces brochettes peuvent aussi bien se faire avec du poulet, du veau ou du bœuf... pour varier les plaisirs !*

MOUSSAKA

4 pers. Préparation : 20 min – Cuisson : 1 h **357 kcal/pers.**

4 aubergines moyennes • 1 oignon jaune • 50 cl de lait écrémé • 2 cuil. à soupe de farine de blé • 20 g de beurre • 200 g de viande d'agneau hachée • 10 cl de vin blanc sec • 2 tomates pelées • 2 œufs • 1 cuil. à soupe d'huile d'olive extra vierge • 2 cuil. à soupe de chapelure • persil plat • 2 cuil. à soupe de parmesan râpé • 1 pincée de muscade en poudre • sel fin, poivre noir du moulin

Réalisation

Épluchez l'oignon, hachez-le grossièrement. Coupez les aubergines en fines rondelles. Faites chauffer l'huile dans une poêle et faites-y revenir l'oignon ainsi que les aubergines. Ajoutez la viande hachée et mouillez avec un demi-verre d'eau. Incorporez les tomates, le persil ciselé, le vin, salez et poivrez. Laissez mijoter à couvert pendant 20 minutes.

Séparez les blancs des jaunes d'œufs. Retirez du feu, ajoutez la chapelure et les blancs d'œufs. Mélangez vivement. Disposez dans un plat allant au four. Préchauffez le four à th. 6 (180 °C).

Faites un roux avec la farine et le beurre fondu puis versez le lait petit à petit. Salez, poivrez et muscadez. Incorporez les jaunes d'œufs battus à la sauce béchamel. Nappez les aubergines de cet appareil, saupoudrez de parmesan et faites cuire pendant 40 à 45 minutes.

OSSO-BUCO DE VEAU

4 pers. Préparation : 30 min – Cuisson : 1 h 30 **365 kcal/pers.**

500 g de jarret de veau • 1 oignon • 1 cuil. à soupe de raisins de Corinthe • ½ boîte d'abricots en conserve • 5 cl de porto • 10 cl de bouillon de volaille dégraissé • 2 cuil. à soupe de crème fraîche légère • 20 g de beurre • 1 bouquet garni • 1 pincée de curry en poudre • 2 cuil. à soupe de moutarde à l'ancienne • sel fin, poivre du moulin

Réalisation

Laissez macérer les raisins dans le porto pendant 20 à 30 minutes. Épluchez et hachez finement l'oignon. Faites roussir le hachis d'oignon dans le beurre et réservez.

Tranchez la viande en quatre parts égales.

Badigeonnez-la de moutarde et disposez-la dans le bol à mijoter de votre cuit vapeur. Ajoutez-y les raisins marinés, les abricots coupés en deux ou en quatre sans leur jus, l'oignon, le bouquet garni, le bouillon de volaille et le curry. Salez et poivrez. Laissez mijoter pendant 1 h 30 minutes.

Retirez la viande et les fruits et réservez au chaud. Passez la sauce au chinois et faites-la réduire de moitié. Déglacez avec la crème et rectifiez l'assaisonnement si nécessaire. Disposez chaque tranche de jarret dans une assiette, entourez-la de fruits et nappez de sauce. Servez aussitôt.

PAPILLOTES DE VEAU AUX PETITS LÉGUMES

4 pers. Préparation : 25 min – Cuisson : 40 min **286 kcal/pers.**

600 g de fines escalopes de veau • 300 g de carottes nouvelles • 300 g de courgettes • 300 g d'oignons doux • 70 g de concentré de tomates • 10 cl de vin blanc sec • sel, mélange de 5 baies moulues

Réalisation

Préchauffez votre four à 200 °C (th. 6/7) Lavez et épluchez les carottes, lavez les courgettes. Taillez-les en julienne. Épluchez et émincez finement les oignons. Faites sauter les légumes tous ensemble dans une poêle à revêtement antiadhésif pendant 10 minutes. Hors du feu, ajoutez le concentré de tomates, versez le vin blanc, salez, ajoutez quelques tours de moulin de 5 baies.

Découpez quatre feuilles de papier sulfurisé, déposez au centre de chacune une escalope, couvrez du mélange de légumes puis roulez les escalopes sur elles-mêmes, faites tenir avec une pique à cocktail. Entourez chaque roulade ainsi formée avec le restant de légumes. Fermez le papier sulfurisé et placez les papillotes sur un plat.

Placez au four et laissez cuire 30 minutes. Déposez les papillotes sur des assiettes individuelles, ouvrez-les légèrement et servez bien chaud.

Conseil : *si toutes les eaux sont bonnes pour la santé (l'important étant de boire régulièrement), j'ai une petite préférence pour les eaux riches en magnésium (Hépar, Contrex, Rozana,*

Badoit, Quézac...). Pour éviter la fatigue et réussir à poursuivre le régime sur la durée, il est important d'avoir un bon apport en magnésium. Or, les aliments qui en sont riches sont également caloriques et souvent évités au cours des régimes amaigrissants.

PAUPIETTES DE VEAU À L'ITALIENNE

4 pers. Préparation : 15 min – Cuisson : 20 min **319 kcal/pers.**

4 escalopes de veau de 120 g chacune • 1 petite aubergine • 100 g de mozzarella allégée • 2 tomates bien mûres • 2 échalotes grises • 2 cuil. à soupe d'huile d'olive • 4 feuilles de sauge • sel fin, poivre noir du moulin

Réalisation

Coupez l'aubergine en tranches régulières. Détaillez les tomates en rondelles assez épaisses. Épluchez et émincez les échalotes. Faites chauffer l'huile dans une sauteuse et plongez-y les tranches d'aubergine. Épongez-les et réservez.

Réalisez les paupiettes : déposez sur chaque tranche de viande quelques lamelles d'aubergine, les échalotes émincées, deux ou trois tranches de mozzarella et une feuille de sauge. Salez et poivrez. Roulez la viande et maintenez-la avec des piques à brochettes. Servez la mozzarella légèrement fondue.

PORC AU CARAMEL

4 pers. Préparation : 30 min – Cuisson : 45 min *193 kcal/pers.*

400 g de filet mignon de porc • 1 oignon jaune • 2 échalotes • 2 gousses d'ail • 2 cuil. à soupe de sauce nuoc-mâm • 2 cuil. à soupe de caramel liquide • 2 cuil. à soupe d'huile de tournesol • 25 cl d'eau • sel fin, poivre du moulin

Réalisation

Épluchez l'ail et les échalotes, hachez-les. Détaillez la viande en petits morceaux et laissez-la mariner 15 minutes au minimum avec l'ail, les échalotes, une pincée de sucre, du sel et du poivre.

Pelez et détaillez l'oignon en rondelles. Faites chauffer l'huile dans une sauteuse et laissez-y dorer les oignons. Ajoutez la viande, le caramel et le nuoc-mâm. Mélangez et réduisez le feu. Mouillez avec l'eau, couvrez et laissez cuire 15 à 20 minutes. Rectifiez l'assaisonnement avant de servir bien chaud.

PORC SAUTÉ AUX POUSSES DE BAMBOU

4 pers. Préparation : 15 min – Cuisson : 15 min – Marinade : 30 min

378 kcal/pers.

400 g de filet mignon de porc • 2 échalotes • 100 g de petits pois • 2 cuil. à soupe de champignons noirs • 1 boîte de pousses de bambou • 2 cuil. à soupe de sauce de soja • 2 cuil. à soupe de vinaigre de xérès • 1 cuil. à soupe de miel liquide • 2 cuil. à soupe d'huile de pépins de raisin • sel fin, poivre du moulin

Réalisation

Faites tremper les champignons noirs dans l'eau tiède. Détaillez le filet mignon en fines lanières et mettez-les dans un plat creux. Mélangez la sauce de soja, le vinaigre de xérès et le miel. Versez ce mélange sur la viande et laissez mariner pendant 30 minutes environ.

Pelez les échalotes et détaillez-les grossièrement. Égouttez et rincez les pousses de bambou et taillez-les également en lamelles. Égouttez les champignons et émincez-les.

Faites chauffer l'huile dans une grande sauteuse et saisissez-y les échalotes et les champignons puis ajoutez-y les petits pois, les pousses de bambou et les lamelles de porc. Versez dessus la marinade de la viande, mélangez, rectifiez l'assaisonnement si nécessaire, couvrez et laissez réduire pendant 10 à 15 minutes. Servez aussitôt dans un plat de service creux.

RÔTI DE PORC AU CIDRE

4 pers. Préparation : 20 min – Cuisson : 1 h *326 kcal/pers.*

500 g de rôti de porc dans le filet • 4 pommes Golden • 20 cl de cidre doux • 1 échalote grise • 2 cuil. à soupe de crème fraîche allégée • 20 g de beurre • sel fin, poivre blanc du moulin

Réalisation

Épluchez et épépinez les pommes. Coupez-les en quartiers. Dans une cocotte, laissez légèrement dorer le rôti dans 10 g de beurre fondu. Salez et poivrez. Sortez la viande et réservez-la. Faites fondre les pommes dans la graisse de cuisson de la viande. Réservez. Déglacez les sucs de cuisson en arrosant de cidre et remettez le rôti à mijoter, à couvert, sur feu doux pendant 40 minutes.

Ajoutez les quartiers de pomme poêlés et prolongez la cuisson d'une dizaine de minutes. Réservez la viande au chaud. Retirez les pommes et récolter le jus de cuisson pour réaliser la sauce. Faites revenir l'échalote hachée dans le restant de beurre. Ajoutez les pommes et le jus de cuisson de la viande. Laissez réduire de moitié, liez à la crème et rectifiez l'assaisonnement si nécessaire.

Tranchez le rôti, disposez-le dans un plat de service et nappez de sauce. Servez aussitôt.

RÔTI DE PORC FARCI À LA SAUGE

4 pers. Préparation : 15 min – Cuisson : 30 min **310 kcal/pers.**

600 g de rôti de porc • feuilles de sauge fraîche • 1 cuil. à soupe de moutarde de Dijon • 1 petit-suisse à 0 % de MG • 2 cuil. à soupe de jus de citron • sel, poivre du moulin

Réalisation

Préchauffez le four à 210 °C (th. 7). Rincez la sauge à l'eau courante, essuyez-la dans du papier absorbant et détaillez-la en fines lanières.

Dans une jatte, mélangez les lanières de sauge, le petit-suisse, la moutarde et le jus de citron. Salez légèrement et poivrez. Enduisez le rôti de cette préparation, enveloppez-le dans un papier d'aluminium et placez-le dans un plat allant au four. Enfournez et laissez cuire 20 minutes environ.

Au terme de la cuisson, ôtez la feuille d'aluminium et placez votre rôti quelques minutes sous le gril du four pour le faire légèrement dorer. Retournez-le pour en griller toutes les faces. Servez dès la sortie du four.

SAUTÉ DE PORC AU CÉLERI

4 pers. Préparation : 25 min – Cuisson : 45 min **244 kcal/pers.**

800 g de filet mignon de porc • 400 g de cœur de céleri • 200 g de carottes nouvelles • 150 g d'oignons doux • 2 gousses d'ail • 1 cuil. à soupe d'huile d'olive • 20 cl de vin blanc sec • quelques brins d'estragon • sel, poivre

Réalisation

Lavez et parez les légumes, taillez-les en julienne. Dans un wok, faites revenir le filet mignon coupé en morceaux avec l'huile d'olive. Réservez-le puis faites revenir les carottes, le céleri et les oignons pendant 5 minutes.

Remettez la viande à cuire avec les légumes, ajoutez l'ail écrasé, l'estragon ciselé, le vin blanc, 20 cl d'eau, salez et poivrez. Couvrez et laissez mijoter 45 minutes à feu très doux. Servez.

SAUTÉ DE VEAU AUX TOMATES

4 pers. Préparation : 20 min – Cuisson : 40 min **292 kcal/pers.**

600 g de filet de veau • 400 g de tomates bien mûres • 2 oignons • 1 gousse d'ail • 1 cuil. à soupe d'huile d'olive • 10 cl de vin blanc sec • 1 bouquet garni • sel, poivre

Réalisation

Lavez les tomates, coupez-les en quartiers. Pelez les oignons, émincez-les. Dans une cocotte, faites revenir le veau à feu doux avec l'huile d'olive en prenant soin de bien faire dorer chaque côté. Réservez.

Faites revenir les oignons dans la cocotte à feu doux, puis remettez la viande, ajoutez les quartiers de tomate, l'ail pressé, le vin blanc, du sel, du poivre et le bouquet garni.

Complétez avec 15 cl d'eau, couvrez et laissez cuire 40 minutes à feu doux. Servez.

SAUTÉ DE VEAU PRINTANIER

4 pers. Préparation : 20 min – Cuisson : 45 min ***283 kcal/pers.***

600 g de noix de veau • 200 g de carottes • 200 g de tomates olive • 200 g de navets • 100 g d'oignons nouveaux • 1 cuil. à soupe d'huile d'olive • 20 cl de vin blanc • 1 bouquet garni • sel, poivre

Réalisation

Lavez et épluchez les carottes et les navets. Coupez les carottes en rondelles, les navets en petits quartiers. Lavez les tomates, coupez-les en quartiers et retirez les pépins. Lavez et émincez grossièrement les oignons.

Dans un faitout, faites revenir les morceaux de veau avec l'huile d'olive en les tournant afin de faire dorer chaque côté. Réservez-les dans une assiette. Toujours dans le faitout, faites revenir les oignons avec les carottes pendant 5 minutes à feu moyen, ajoutez les navets, les tomates puis les morceaux de veau. Arrosez de vin blanc, ajoutez le bouquet garni, salez, poivrez.

Couvrez et laissez mijoter à feu doux pendant 45 minutes. À mi-cuisson, retirez le couvercle, remuez bien et terminez la cuisson sans couvercle afin de réduire le jus. Dressez les morceaux de veau dans un plat de service, déposez tout autour les légumes et arrosez avec un peu de jus. Servez.

TARTARE DE BŒUF À LA LIBANAISE

4 pers. Préparation : 20 min **302 kcal/pers.**

800 g de viande de bœuf fraîchement hachée • 2 oignons jaunes • 1 gousse d'ail • 1 bouquet de persil plat • quelques brins de ciboulette • 1 citron vert • 1 citron jaune • 12 olives noires dénoyautées • sel fin, poivre du moulin

Réalisation

Pelez le citron jaune à vif et coupez la pulpe en tous petits dés. Coupez le citron vert en rondelles assez fines. Lavez, séchez, effeuillez et ciselez finement les herbes.

Hachez grossièrement les olives. Pelez et hachez les oignons et l'ail. Dans un saladier, mélangez tous les ingrédients sauf le citron vert. Salez et poivrez. Disposez en dôme sur 4 assiettes. Servez très frais, avec des rondelles de citron vert.

TARTARE DE BŒUF ÉPICÉ

4 pers. Préparation : 30 min **138 kcal/pers.**

400 g de viande de bœuf hachée à 5 % de MG • 1 oignon rouge • 1 jaune d'œuf • 8 cornichons moyens • 4 cuil. à soupe de câpres • Tabasco • sel fin, poivre noir concassé

Réalisation

Confectionnez votre tartare au dernier moment. Épluchez puis hachez grossièrement l'oignon. Détaillez les cornichons en petits cubes. Séparez le blanc du jaune d'œuf et conservez ce dernier dans une demi-coquille (qui servira de décoration).

Avec le hachis de viande, formez quatre dômes disposés sur quatre assiettes de service. Déposez au sommet la coquille d'œuf avec son jaune. Présentez les câpres, les cornichons et les oignons dans des raviers. Laissez vos convives réaliser leur propre mélange et assaisonnez leur tartare de sel, poivre et Tabasco, en fonction de leur goût.

TARTARE DE VEAU À LA PROVENÇALE

4 pers. Préparation : 30 min – Attente : 30 min ***185 kcal/pers.***

400 g de filet mignon de veau • ½ bulbe de fenouil • 2 tomates • 1 petit concombre • 2 cuil. à soupe d'huile d'olive extra vierge • 1 bouquet de coriandre fraîche • ½ citron jaune • fleur de sel, poivre noir du moulin

Réalisation

Parez le bulbe de fenouil et détaillez-le en petits cubes. Pelez les tomates à vif, égrainez-les et détaillez-les en cubes. Procédez de même avec le concombre. Mélangez tous les légumes dans une jatte et arrosez-les d'huile et de jus de citron. Poivrez.

Ciselez la coriandre et ajoutez-la au mélange précédent. Détaillez la viande en petits cubes à l'aide d'un couteau bien aiguisé. Mélangez-la avec les légumes et rectifiez l'assaisonnement si nécessaire. Placez au frais pendant au moins 30 minutes.

Formez les tartares en dôme et disposez-les sur quatre assiettes de service. Décorez de quelques feuilles de coriandre fraîche. Servez très frais.

TARTARE DE VEAU À LA SAUCE PIQUANTE

4 pers. Préparation : 30 min – Attente : 30 min **183 kcal/pers.**

400 g de filet mignon de veau • 1 piment vert • 1 poivron rouge • 1 oignon blanc • 1 cuil. à soupe de sauce Worcestershire • quelques gouttes de Tabasco • 2 cuil. à soupe d'huile de maïs • 1 pincée de piment de Cayenne

Réalisation

Coupez les extrémités du piment, égrainez-le et hachez-le finement. Pelez et détaillez l'oignon en petits cubes. Parez le poivron et détaillez-le en fines lanières. Mêlez tous les ingrédients, ajoutez la sauce Worcestershire, le Tabasco, l'huile et une pincée de piment de Cayenne.

Détaillez la viande en petits cubes à l'aide d'un couteau bien aiguisé. Arrosez du mélange précédent et placez au frais pendant au moins 30 minutes. Formez les tartares en dôme et disposez-les sur quatre assiettes de service. Servez très frais.

TOURNEDOS EN CROÛTE DE PAVOT

4 pers. Préparation : 30 min – Cuisson : 5 min **180 kcal/pers.**

4 tournedos de 120 g chacun • 40 g de graines de pavot • 20 g de beurre allégé • 2 cuil. à soupe de crème fraîche à 5 % de MG • fleur de sel

Réalisation

Faites torréfier les graines de pavot à sec dans une poêle à revêtement antiadhésif sur feu très vif pendant quelques secondes. Passez au mixeur puis tamisez le hachis de pavot pour n'en récolter que la poudre. Façonnez le beurre en pommade puis incorporez-y le pavot et une pincée de fleur de sel. Enduisez les tournedos de beurre épicé avant de les saisir sur feu vif quelques secondes sur chaque face. Disposez la viande rosée sur un plat de service et réservez au chaud. Déglacez les sucs de cuisson de la viande avec la crème légère. Nappez les tournedos réservés et servez aussitôt.

TOURNEDOS GRILLÉS, SAUCE AUX BAIES ROSES

4 pers. Préparation : 10 min – Cuisson : 10 min **287 kcal/pers.**

4 tournedos de 120 g chacun • 1 verre de vin blanc sec • 40 g de beurre allégé • 2 cuil. à soupe de crème fraîche à 5 % de MG • 3 cuil. à soupe de baies roses • sel, poivre du moulin

Réalisation

Préparez la sauce : dans une casserole, versez le vin blanc, ajoutez les baies roses et portez à ébullition. Laissez réduire de moitié. Hors du feu, ajoutez la crème fraîche petit à petit en fouettant jusqu'à obtention d'une crème onctueuse, légèrement épaissie. Salez et poivrez. Ajoutez le beurre fractionné.

Réchauffez la préparation sur feu très doux. Faites griller les tournedos à la poêle ou au barbecue sans adjonction de matières grasses. Assaisonnez modérément. Servez la viande légèrement rosée, nappée de sauce aux baies.

WOK DE PORC CARAMEL ET LÉGUMES CROQUANTS

4 pers. Préparation : 20 min – Cuisson : 10 min ***375 kcal/pers.***

400 g de viande de porc dégraissée • 2 oignons blancs • 2 carottes • 200 g de chou chinois • 100 g de pousses de bambou • 2 cuil. à soupe d'huile de sésame • 1 cuil. à soupe de sauce de soja • 2 cuil. à soupe de caramel liquide • poivre noir concassé

Réalisation

Pelez les oignons et les carottes. Émincez-les en julienne ainsi que le chou. Égouttez les pousses de bambou. Émincez la viande en fines lanières. Faites chauffer une cuillerée d'huile dans un wok ou dans une sauteuse et saisissez la viande à feu vif. Arrosez-la de sauce de soja et poivrez modérément. Mélangez puis réservez la viande au chaud.

Faites sauter les légumes dans l'huile restante, laissez-les dorer puis remettez la viande. Nappez de caramel, mélangez et rectifiez l'assaisonnement si nécessaire. Servez aussitôt.

Volailles et lapin poids plume

AIGUILLETTES DE CANARD AU POIVRE VERT

4 pers. Préparation : 10 min – Cuisson : 15 min **300 kcal/pers.**

400 g d'aiguillettes de canard • 1 cuil. à café de farine de blé type 45 • 1 oignon jaune • 10 g de beurre • 1 cuil. à soupe de cognac • 1 cuil. à café de crème épaisse à 5 % de MG • 1 cuil. à soupe de grains de poivre vert concassés • sel fin

Réalisation

Épluchez et hachez grossièrement l'oignon. Faites revenir les aiguillettes de canard et le hachis d'oignon dans le beurre fondu. Salez modérément. Saupoudrez de farine et mélangez. Déglacez avec un petit verre d'eau puis ajoutez le cognac. Mélangez et laissez mijoter sur feu très doux pendant quelques minutes supplémentaires.

Torréfiez les grains de poivre dans une casserole à fond épais à sec sur feu vif. Au moment de servir, versez la crème et ajoutez les grains de poivre torréfiés. Servez bien chaud.

AIGUILLETTES DE POULET AU CURRY

4 pers. Préparation : 20 min – Cuisson : 15 min **215 kcal/pers.**

500 g de blancs de poulet • 2 oignons blancs • 1 poivron rouge • 3 cuil. à soupe de crème fraîche légère • 1 cuil. à soupe d'huile d'olive • 1 cuil. à café de curry en poudre • sel, poivre du moulin

Réalisation

Coupez les blancs de poulet en fines lamelles. Pelez et émincez grossièrement les oignons. Nettoyez le poivron à l'eau courante, enlevez le pédoncule et les graines et taillez-le en lanières.

Dans une poêle, faites chauffer l'huile et laissez dorer la viande ainsi que les oignons. Ajoutez les lanières de poivron et prolongez la cuisson sur feu moyen pendant 10 minutes.

Déglacez les sucs de la viande avec la crème fraîche, assaisonnez et saupoudrez de curry. Servez aussitôt.

AIGUILLETTES DE POULET AU VIN BLANC

4 pers. Préparation : 20 min – Cuisson : 15 min **211 kcal/pers.**

600 g d'aiguillettes de poulet • 150 g d'oignons nouveaux • 200 g de champignons • 25 cl de vin blanc sec • 100 g de fromage blanc à 0 % de MG • 1 cuil. à soupe d'huile d'olive • 2 gousses d'ail • ½ cuil. à café de cumin en poudre • sel, poivre

Réalisation

Lavez et émincez les oignons et les champignons. Dans une poêle à revêtement antiadhésif, faites revenir les oignons à feu doux avec l'huile d'olive. Dès qu'ils sont translucides, sortez-les de la poêle et faites revenir les aiguillettes de poulet. Tournez-les afin de faire dorer chaque côté. Réservez-les avec les oignons.

Faites suer les champignons pendant 10 minutes à feu vif puis remettez dans la poêle les aiguillettes et les oignons. Déglacez avec le vin blanc, ajoutez l'ail écrasé, le cumin, salez et poivrez. Ajoutez le fromage blanc et laissez cuire doucement pendant 5 minutes. Servez immédiatement.

Conseil : *servez ces aiguillettes accompagnées d'un wok de légumes. Les légumes croquants du wok et leur petit côté frais accompagneront parfaitement le moelleux des aiguillettes.*

AIGUILLETTES DE POULET AUX ÉCHALOTES

4 pers. Préparation : 15 min – Cuisson : 20 min **236 kcal/pers.**

600 g d'aiguillettes de poulet • 400 g d'échalotes • 3 cuil. à soupe de vinaigre balsamique • 1 cuil. à soupe d'huile d'olive • 1 cuil. à soupe de miel • 10 cl de bouillon de volaille • coriandre fraîche • sel, poivre

Réalisation

Pelez et émincez les échalotes, faites-les revenir à feu doux dans l'huile d'olive. Ajoutez le miel puis déglacez avec le vinaigre balsamique. Salez, poivrez et parsemez de coriandre ciselée. Ajoutez le bouillon de volaille. Laissez mijoter 20 minutes à feu doux.

Pendant ce temps, poêlez à feu vif les aiguillettes de poulet. Servez les aiguillettes accompagnées des échalotes confites.

Conseil : *essayez de déglacer avec du cidre à la place du vinaigre, servez avec quelques quartiers de pomme cuite.*

AUMÔNIÈRES DE VOLAILLE AUX PETITS LÉGUMES

4 pers. Préparation : 20 min – Cuisson : 25 min **113 kcal/pers.**

4 tranches de blanc de poulet • 100 g de champignons de Paris • 1 oignon • 1 cuil. à soupe d'huile d'olive • 100 g de julienne de légumes surgelés • 2 cuil. à soupe de crème liquide allégée • curry en poudre • quelques brins de ciboulette • sel, poivre du moulin

Réalisation

Lavez et coupez les pieds des champignons. Émincez-les. Pelez et émincez l'oignon. Faites chauffer l'huile et jetez-y l'oignon. Laissez légèrement roussir. Ajoutez les champignons et la julienne de légumes. Poêlez sur feu vif pendant 2 à 3 minutes. Dans un bol, mélangez la crème et les épices.

Confectionnez les aumônières : placez au centre de chaque tranche de volaille la poêlée de légumes, versez la crème au curry et fermez l'aumônière avec un brin de ciboulette. Placez-les dans le panier de votre autocuiseur et faites cuire 20 minutes.

BLANCS DE VOLAILLE AUX CAROTTES

4 pers. Préparation : 10 min – Cuisson : 12 min **235 kcal/pers.**

4 blancs de poulet • 4 carottes • 2 échalotes hachées • 2 cuil. à soupe d'huile d'olive • 10 cl de jus d'orange • persil • sel, poivre du moulin

Réalisation

Épluchez les carottes et détaillez-les en rondelles. Pelez les échalotes et émincez-les grossièrement.

Faites chauffer l'huile dans votre autocuiseur et faites-y colorer les blancs de poulet sur les deux faces. Ajoutez les échalotes. Mouillez avec le jus d'orange et un verre d'eau. Ajoutez les carottes et assaisonnez.

Fermez la cocotte et laissez cuire 12 minutes environ. Parsemez de persil ciselé et servez aussitôt.

BLANQUETTE DE POULET

4 pers. Préparation : 20 min – Cuisson : 30 min **243 kcal/pers.**

500 g de blancs de poulet • 1 cuil. à soupe de farine de blé • 10 g de beurre • 1 oignon jaune • 1 carotte moyenne • 1 petite branche de menthe fraîche • 2 cuil. à soupe de crème légère à 5 % de MG • 10 cl de vin blanc sec • 1 jaune d'œuf • sel fin, poivre noir du moulin

Réalisation

Détaillez le poulet en morceaux. Pelez l'oignon et la carotte et émincez-les grossièrement. Dans votre cocotte, faites revenir les morceaux de viande préalablement salés et poivrés dans le beurre fondu. Saupoudrez de farine et mélangez.

Mouillez avec le vin blanc, mélangez vivement pour éviter la formation de grumeaux puis ajoutez-y les légumes détaillés. Fermez la cocotte et laissez cuire sur feu doux pendant 25 à 30 minutes.

Au moment de servir, ajoutez la crème et liez la sauce avec le jaune d'œuf. Rectifiez l'assaisonnement si nécessaire. Servez dans un plat de service creux.

CAILLES À L'ORANGE

4 pers. Préparation : 20 min – Cuisson : 30 min **195 kcal/pers.**

4 cailles évidées • 2 oranges non traitées • 10 g de beurre ramolli • 1 cuil. à soupe d'huile de pépins de raisin • 10 cl de bouillon de volaille • 1 cuil. à soupe de farine de blé type 45 • sel fin, poivre noir concassé

Réalisation

Zestez une orange puis pressez-la. Détaillez l'orange restante en huit quartiers. Faites colorer les cailles dans l'huile bien chaude. Salez et poivrez. Déglacez les sucs de la viande avec le bouillon, ajoutez le jus, les quartiers et les zestes d'orange. Réduisez le feu, couvrez et laissez mijoter pendant 15 minutes environ.

Préparez un beurre manié en mélangeant le beurre pommadé et la farine tamisée. Incorporez-le à la sauce à l'orange pour la lier. Laissez épaissir et remuez continuellement pour éviter la formation de grumeaux. Servez les cailles entières dans un plat de service creux nappées de sauce et agrémentées de quartiers d'orange confits.

CAILLES RÔTIES AU PAIN D'ÉPICES

4 pers. Préparation : 30 min – Cuisson : 30 min ***355 kcal/pers.***

4 cailles vidées • 6 tranches de pain d'épices • 50 cl de fond de volaille dégraissé • 2 oignons jaunes • 30 g de beurre • 1 cuil. à soupe d'huile • sel fin, poivre du moulin

Réalisation

Préchauffez le four à 180 °C (th. 6). Faites sécher deux tranches de pain d'épices au four puis passez-les au robot pour obtenir de la chapelure de pain d'épices. Mélangez cette chapelure avec 20 g de beurre précédemment ramolli, du sel et du poivre et badigeonnez-en les cailles. Faites cuire au four pendant 25 à 30 minutes en les retournant à mi-cuisson.

Coupez grossièrement les oignons et faites-les revenir dans l'huile bien chaude. Une fois légèrement dorés, stoppez la cuisson et réservez au chaud. Faites fondre le restant de beurre et poêlez-y les tranches de pain d'épices entières de chaque côté.

Dressez les assiettes : disposez sur chacune, une tranche de pain d'épices poêlée en leur centre, ajoutez-y la compotée d'oignons puis la caille en crapaudine. Servez bien chaud.

CANARD À LA VANILLE

4 pers. Préparation : 15 min – Cuisson : 40 min **351 kcal/pers.**

4 cuisses de canard • 2 gousses de vanille Bourbon • 3 tomates moyennes • 1 oignon jaune • 1 carotte • 20 cl de bouillon de volaille dégraissé • 1 cuil. à soupe de farine de blé • 1 cuil. à café de cassonade • 1 cuil. à soupe d'huile d'olive • 1 bouquet garni (laurier, thym...) • sel, poivre gris moulu

Réalisation

Épluchez l'oignon et la carotte, détaillez-les en julienne. Dans une sauteuse à fond épais, faites chauffer l'huile. Jetez-y la julienne de légumes et poêlez à feu vif. Sortez et réservez les légumes. Coupez les tomates en petits dés.

Faites dorer les morceaux de canard sur chaque face puis jetez l'excédent de matières grasses. Ajoutez les tomates, les gousses de vanille fendues dans le sens de la longueur et le bouquet garni. Délayez la farine dans un bol avec une ou deux cuillerées d'eau. Ajoutez la pâte ainsi obtenue aux autres ingrédients et mélangez. Mouillez avec le bouillon, saupoudrez de cassonade, salez et poivrez modérément.

Réduisez le feu et laissez mijoter 20 à 25 minutes. Rectifiez l'assaisonnement avant de servir.

CARI DE POULET À L'INDIENNE

4 pers. Préparation : 30 min – Cuisson : 1 h **240 kcal/pers.**

4 cuisses de poulet fermier • 2 oignons jaunes • 2 yaourts nature brassés • 2 gousses d'ail • 10 g de beurre • 1 cuil. à soupe de curry en poudre • 1 cuil. à café de graines de cumin • 1 bâton de cannelle • quelques graines de cardamome • 1 pointe de quatre-épices • fleur de sel, poivre noir du moulin

Réalisation

Faites chauffer le beurre dans une cocotte, ajoutez-y l'ail et les oignons finement émincés puis laissez dorer pendant quelques minutes. Ajoutez les cuisses de poulet et laissez-les dorer sur feu vif sur les deux faces. Battez les yaourts avec le quatre-épices, le curry, du sel et versez sur le poulet. Faites cuire à feu doux et à couvert pendant 45 minutes.

Dix minutes avant la fin de la cuisson, ajoutez la cannelle, le cumin, la cardamome et le quatre-épices. Mélangez délicatement. Au moment de servir, retirez le poulet et réservez-le au chaud. Filtrez la sauce et mixez-la pour qu'elle soit bien lisse et homogène. Servez la viande dans un plat de service creux nappé de sauce épicée.

CARPACCIO DE CANARD FUMÉ AUX PÊCHES

4 pers. Préparation : 20 min – Attente : 30 min **240 kcal/pers.**

400 g de filets de canard fumé • 2 oreillons de pêche au naturel • 2 cuil. à soupe d'huile d'olive extra vierge • 2 branches de basilic frais • fleur de sel, poivre noir concassé

Réalisation

Égouttez les pêches et tranchez-les finement en lamelles. Lavez le basilic et ciselez grossièrement les feuilles. Mélangez le hachis ainsi obtenu à l'huile d'olive. Ajoutez une pincée de fleur de sel et poivrez.

Disposez les tranches de canard sur quatre assiettes de service en alternant avec les lamelles de pêche. Nappez de sauce et servez bien frais.

CARPACCIO DE POULET AUX CHAMPIGNONS DE PARIS

4 pers. Préparation : 20 min – Attente : 1 h **207 kcal/pers.**

400 g de blancs de poulet fermier • 200 g champignons de Paris • 2 oignons rouges • 1 piment oiseau (petit piment antillais) • 1 citron jaune • 1 citron vert • 2 cuil. à soupe de crème fraîche allégée • quelques brins de ciboulette • 4 cuil. à soupe de parmesan en poudre • sel fin, poivre du moulin

Réalisation

Placez la viande 30 minutes dans le congélateur afin de pouvoir l'émincer plus facilement. Coupez-la en tranches aussi fines que possible. Épluchez et détaillez les oignons en rondelles.

Hachez le piment. Mélangez au poulet et arrosez de jus de citron jaune. Laissez macérer 1 heure au frais.

Nettoyez les champignons, coupez-les en lamelles, arrosez de jus de citron vert, salez, poivrez et réservez. Mélangez la crème fraîche et la ciboulette ciselée.

Disposez les tranches de poulet en corolle sur quatre assiettes de service, parsemez de rondelles d'oignon et de lamelles de champignon. Salez et poivrez. Nappez de crème à la ciboulette et saupoudrez de parmesan. Placez au frais jusqu'au moment de servir.

COLOMBO DE LAPIN

4 pers. Préparation : 25 min – Cuisson : 40 min ***250 kcal/pers.***

600 g de viande de lapin • 2 gousses d'ail • 2 oignons jaunes • 3 pieds de cives • 1 citron jaune • persil plat • thym émietté • 2 clous de girofle • 2 cuil. à soupe de colombo en poudre • 1 pincée de piment en poudre • 2 cuil. à soupe d'huile d'olive • sel gros, poivre noir du moulin

Réalisation

Découpez la viande en morceaux, ajoutez le gros sel, l'ail pilé, les oignons et le citron émincés en rondelles, du poivre et une cuillerée de poudre de colombo. Laissez macérer 1 heure (cette préparation peut être faite la veille).

Faites chauffer l'huile, incorporez les épices hachées et laissez revenir quelques secondes. Ajoutez la poudre à colombo restante, les clous de girofle, versez un peu d'eau et ajoutez les morceaux de viande.

Remuez, couvrez et laissez cuire pendant 30 minutes environ. Rectifiez l'assaisonnement et servez avec du riz.

CUISSES DE LAPIN AU ROMARIN ET AUX MARRONS

4 pers. Préparation : 15 min – Cuisson : 40 min **250 kcal/pers.**

4 cuisses de lapin • 2 branches de romarin • 200 g de marrons surgelés • 10 cl de crème liquide légère • 1 cuil. à café de moutarde à l'ancienne • sel, poivre

Réalisation

Disposez les cuisses de lapin et les marrons dans le bol du cuit-vapeur avec le romarin. Salez et poivrez à votre convenance. Laissez cuire à la vapeur pendant 40 minutes environ.

Récupérez le jus de cuisson. Laissez-le réduire des deux tiers, déglacez avec la crème et la moutarde. Mélangez.

Servez les cuisses de lapin avec les marrons et nappez de sauce.

CUISSES DE POULET AU CITRON

4 pers. Préparation : 15 min – Cuisson : 10 min **239 kcal/pers.**

4 cuisses de poulet • 4 citrons • 30 cl de bouillon de poulet • 25 g de Maïzena • 2 belles branches de romarin • sel, poivre

Réalisation

Préchauffez votre four à 200 °C (th. 6/7). Pressez deux citrons et recueillez le jus. Retirez les peaux des cuisses de poulet. Déposez les cuisses sur les branches de romarin dans un plat allant au four, arrosez-les de jus de citron, salez, poivrez. Lavez et coupez en tranches fines les deux citrons restants, couvrez les cuisses de poulet avec les tranches de citron et placez-les au four pour environ 40 minutes.

Lorsque les cuisses de poulet sont cuites, sortez-les du four et réservez-les dans une assiette. Récupérez le jus de citron et versez-le dans une poêle. Préparez la Maïzena en la diluant avec une cuillerée à soupe d'eau et versez-la dans la poêle avec le jus de citron.

Laissez chauffer doucement jusqu'à ébullition en remuant pour que la sauce épaississe légèrement. Présentez les cuisses de poulet dans des assiettes individuelles accompagnées de la sauce au citron, décorez avec une rondelle de citron et quelques brins de romarin, servez immédiatement.

DINDE GLACÉE AUX HERBES

8 à 10 pers. Prép. : 15 min – Cuisson : 2 h 30 à 3 h **288 kcal/pers.**

1 dinde de 3,5 à 4 kg • 2 citrons jaunes • 1 citron vert • 10 cl de vin blanc sec • 2 cuil. à soupe de cassonade ou de sucre semoule roux • 40 g de beurre ou 2 cuil. à soupe d'huile • 1 bouquet de sauge • thym • origan (ou marjolaine sauvage) • fleur de sel, poivre noir du moulin

Réalisation

Préchauffez le four à 170-180 °C (th. 5-6). Retirez le cou et les abats de l'animal ou faites parer la viande par votre fournisseur.

Assaisonnez la chair avec du sel et du poivre. Pelez les citrons, coupez-les en deux et pressez-en une moitié pour obtenir deux cuillerées de jus que vous réservez. Coupez le restant en rondelles de taille identique et farcissez-en la dinde par le cou. Émiettez le thym et nettoyez les feuilles de sauge. Introduisez thym, sauge et origan dans la dinde avant de coudre l'ouverture.

Placez la dinde sur la lèchefrite, poitrine dessus. Badigeonnez-la de beurre fondu ou d'huile végétale. Enfournez. Comptez 20 minutes de cuisson par livre (500 g) et n'oubliez pas de retourner la dinde régulièrement pour qu'elle dore sur toutes les faces.

Dans un petit bol, mélangez le vin, la cassonade et les deux cuillerées de jus de citron. Durant les 30 dernières minutes de cuisson de la dinde, badigeonnez-la de cette préparation. Répétez l'opération deux ou trois fois en cours de cuisson. Servez la dinde découpée avec la farce au milieu.

FORESTIÈRE DE LAPIN

4 pers. Préparation : 30 min – Cuisson : 45 min **302 kcal/pers.**

4 cuisses de lapin de 120 g chacune • 200 g de champignons de cueillette • 10 cl de vin rouge • 1 oignon jaune • 1 cuil. à soupe de farine de blé type 45 • 20 g de beurre • persil plat • sel fin, poivre blanc du moulin

Réalisation

Parez les champignons : grattez-les à la pointe d'un couteau, coupez l'extrémité des pieds puis brossez-les si nécessaire sans les laver. Détaillez-les grossièrement. Faites dorer les morceaux de lapin dans le beurre fondu, salez et poivrez. Réservez.

Utilisez la graisse de cuisson de la viande pour poêler les champignons. Assaisonnez modérément. Saupoudrez de farine puis mouillez avec le vin rouge. Ajoutez les cuisses de lapin, rallongez le liquide de cuisson avec un petit verre d'eau, couvrez, réduisez le feu et prolongez la cuisson pendant 40 minutes environ.

Vérifiez la cuisson avec la pointe d'un couteau. Au moment de servir, rectifiez l'assaisonnement si nécessaire puis garnissez de persil plat fraîchement ciselé.

FRICASSÉE DE DINDE À LA CRÈME DE BROCOLI

4 pers. Préparation : 15 min – Cuisson : 12 min **241 kcal/pers.**

400 g de blancs de dinde • 30 cl de bouillon de volaille dégraissé • 300 g de brocoli • 3 cuil. à soupe de crème légère à 8 % de MG • 1 cuil. à soupe d'huile d'olive • sel, poivre du moulin

Réalisation

Nettoyez le brocoli. Dans une cocotte, amenez le bouillon de volaille à ébullition et disposez les bouquets de brocoli dans le panier supérieur de votre cuit-vapeur. Faites cuire à la vapeur pendant 10 minutes environ. Passez les légumes à la moulinette en réservant quelques bouquets pour la décoration. Ajoutez la crème et assaisonnez.

Dans une poêle, faire revenir dans l'huile les blancs de dinde coupés en lanières. Salez et poivrez modérément. Nappez de crème de brocoli et laissez cuire à feu doux pendant 2 minutes.

Rectifiez l'assaisonnement au besoin et servez aussitôt sur un plat décoré de bouquets de brocolis.

LAPIN AU CIDRE

4 pers. Préparation : 20 min – Cuisson : 40 min **266 kcal/pers.**

4 cuisses de lapin • 200 g de navets • 200 g d'oignons nouveaux • 200 g de carottes jeunes • 1 gousse d'ail • 1 cuil. à soupe d'huile d'olive • 25 cl de cidre brut • cumin en poudre • sel, poivre

Réalisation

Lavez et épluchez les carottes et les navets, coupez les carottes en fines tranches, les navets en julienne. Pelez et émincez les oignons. Dans un faitout, faites revenir les cuisses de lapin avec l'huile d'olive en les tournant pour les faire dorer de chaque côté. Réservez-les sur une assiette.

Dans le faitout, faites revenir les oignons à feu doux, ajoutez les carottes et les navets, versez le cidre et remettez les cuisses de lapin à cuire.

Ajoutez l'ail écrasé, le cumin, salez, poivrez et laissez mijoter à feu doux pendant 40 minutes sans couvrir. Dressez dans le plat de service et servez.

LAPIN SAUTÉ À LA PROVENÇALE

4 pers. Préparation : 15 min – Cuisson : 35 min **310 kcal/pers.**

600 g de poitrine de lapin •12 olives vertes dénoyautées • 1 barquette de tomates cerise • herbes de Provence • 2 cuil. à soupe d'huile d'olive • fleur de sel, poivre du moulin

Réalisation

Rincez les tomates cerise à l'eau courante et essuyez-les dans du papier absorbant. Faites dorer les morceaux de lapin dans l'huile d'olive bien chaude. Salez et poivrez légèrement.

Prolongez la cuisson sur feu moyen pendant 30 minutes et mouillez de temps à autre avec un peu d'eau. Saupoudrez généreusement d'herbes de Provence.

10 minutes avant la fin de la cuisson, ajoutez les tomates cerise coupées en deux et les olives. Rectifiez l'assaisonnement en fin de cuisson et servez.

MAGRET DE CANARD, MÉDAILLONS DE PÊCHES ÉPICÉS

4 pers. Préparation : 20 min – Cuisson : 15 min **336 kcal/pers.**

2 magrets de canard de 350 g chacun • 4 oreillons de pêche en conserve au naturel • 1 échalote grise • 1 orange à jus • 4 cuil. à soupe de porto • 4 clous de girofle • sel fin, poivre noir concassé

Réalisation

Pelez et hachez grossièrement l'échalote. Pressez l'orange pour en récolter le jus. Dégraissez les magrets au maximum et tranchez-les en trois ou quatre morceaux. Préchauffez votre four à 180 °C (th. 6).

Découpez quatre feuilles d'aluminium. Au centre de chacune, disposez l'échalote, les tranches de magret, les oreillons de pêche et un clou de girofle. Arrosez de porto et de jus d'orange. Salez et poivrez.

Confectionnez des papillotes et fermez-les hermétiquement. Enfournez et laissez-les cuire pendant 15 minutes environ. Servez dès la sortie du four.

PAPILLOTE DE POULET À LA MEXICAINE

4 pers. Préparation : 25 min – Cuisson : 45 min **264 kcal/pers.**

4 cuisses de poulet • 1 poivron rouge • 1 poivron jaune • 1 poivron vert • 70 g de concentré de tomates • 2 cuil. à soupe d'huile d'olive • 1 cuil. à café de paprika • 2 pincées de piment de Cayenne • 1 gousse d'ail • sel, poivre

Réalisation

Préchauffez votre four à 210 °C (th. 7). Lavez les poivrons, coupez-les afin de retirer les pédoncules et les pépins, coupez-les en fines lanières. Retirez la peau des cuisses de poulet et déposez-les ensemble sur une grande feuille de papier aluminium.

Dans un bol, mélangez le concentré de tomate avec l'huile d'olive, le paprika, le piment, l'ail écrasé, du sel et du poivre, puis badigeonnez les cuisses de poulet avec ce mélange. Entourez les cuisses de poulet avec les lanières de poivron, fermez la papillote et déposez-la dans un plat allant au four. Faites cuire pendant 45 minutes.

Au moment de servir, ouvrez la papillote et disposez les cuisses de poulet dans un plat de service.

Conseil : *tonifiez-vous ! En bougeant certes… mais également en prenant soin de vous. Passez-vous un jet d'eau fraîche à la fin de votre douche. C'est un peu « glaçant » les premières fois, mais cela devient vite agréable de se sentir vivifié. Commencez par les jambes en remontant progressivement, insistez sur le ventre puis remontez jusqu'à la poitrine en dessinant un « 8 ». Sortie de la douche, passez votre crème en massant quelques minutes : tonifiante, anticellulite ou tout simplement hydratante.*

PAPILLOTES DE LAPIN AU CITRON

4 pers. Préparation : 10 min – Cuisson : 50 min ***231 kcal/pers.***

4 cuisses de lapin • 3 citrons pressés • 100 g de tomates séchées • 1 cuil. à café de romarin • 8 gousses d'ail • sel, poivre

Réalisation

Préchauffez votre four à 180 °C (th. 6). Découpez quatre grandes feuilles d'aluminium. Sur chacune d'elle, déposez une cuisse de lapin, Salez, poivrez, saupoudrez de romarin et parsemez de tomates séchées.

Déposez sur chaque feuille, au niveau de l'articulation de la cuisse, deux gousses d'ail en chemise (non épluchées). Arrosez de jus de citron puis fermez hermétiquement les papillotes. Placez-les au four pour 45 à 50 minutes.

À la sortie du four, ouvrez les papillotes en faisant attention de ne pas vous brûler et dressez-les dans des assiettes. Servez immédiatement.

PILONS DE POULET FAÇON BASQUAISE

4 pers. Préparation : 25 min – Cuisson : 40 min **254 kcal/pers.**

8 pilons de poulet • 200 g de tomates grappe • 70 g de concentré de tomate • 200 g de poivron rouge • 200 g d'oignons doux • 2 gousses d'ail • 20 cl de vin blanc sec • 1 cuil. à soupe d'huile d'olive • 2 cuil. à soupe de vinaigre balsamique • origan • sel, poivre

Réalisation

Lavez les tomates et les poivrons. Coupez les tomates en cubes et retirez les pépins. Coupez les poivrons, retirez les pédoncules et les pépins, coupez-les en lanières. Pelez et hachez les oignons. Retirez la peau des pilons.

Dans une cocotte, faites revenir les oignons avec l'huile d'olive. Dès qu'ils sont légèrement dorés, ajoutez les dés de tomate, les lanières de poivron et l'ail écrasé.

Versez le vin et le vinaigre, salez, poivrez et mélangez bien. Mettez les pilons de poulet à cuire dans la cocotte et fermez avec un couvercle. Laissez cuire à feu doux pendant 40 minutes en remuant régulièrement. Retournez les pilons à mi-cuisson. Dressez sur un plat de service et servez bien chaud.

PINTADE FERMIÈRE AUX POMMES

4 pers. Préparation : 20 min – Cuisson : 55 min *228 kcal/pers.*

1 pintade fermière • 2 pommes farineuses • 2 échalotes grises • 2 cl de calvados • 10 cl de cidre doux • 20 g de beurre salé • sel fin, poivre noir concassé

Réalisation

Épluchez les pommes, épépinez-les, ôtez les parties centrales ligneuses et dures et détaillez-les en quartiers. Épluchez et détaillez grossièrement les échalotes. Coupez la pintade en morceaux.

Dans une cocotte, faites fondre 10 g de beurre et faites-y revenir les échalotes. Ajoutez les quartiers de pomme et laissez-les dorer quelques minutes sur feu moyen. Retirez les pommes et les échalotes et réservez-les. Dans le même récipient, faites fondre le restant de beurre et faites-y revenir sur feu vif les morceaux de pintade sur toutes les faces. Arrosez de calvados et flambez. Mouillez avec le cidre et replacez au fond de la cocotte les autres ingrédients. Salez, poivrez, couvrez et laissez mijoter sur feu doux pendant 40 à 45 minutes.

Au moment de servir, liez la sauce à la crème puis rectifiez l'assaisonnement si nécessaire. Servez la pintade dans un plat de service creux, nappée de sauce et agrémentée de quartiers de pomme compotés.

POULET À L'ESPAGNOLE

4 pers. Préparation : 20 min – Cuisson : 40 min **388 kcal/pers.**

4 cuisses de poulet • 40 cl de bouillon de volaille dégraissé • 100 g de riz long • 1 pincée de safran • 4 tomates • 4 courgettes • 2 poivrons • sel, poivre

Réalisation

Disposez dans le bol à riz les cuisses de poulet, assaisonnez de sel, de poivre et de safran. Ajoutez le riz et mouillez de bouillon de volaille. Placez le bol à riz dans le bol inférieur. Coupez les tomates en quartiers, les courgettes en tronçons sans les peler et le poivron en lanières.

Disposez tous les légumes dans le bol du haut. Faites cuire à la vapeur 40 minutes. Servez dans un plat de service, la viande et les légumes arrosés de bouillon.

POULET À L'ITALIENNE

4 pers. Préparation : 25 min – Cuisson : 1 h **230 kcal/pers.**

1 poulet de 1,2 kg environ découpé en morceaux • 250 g de tomates grappe • 250 g d'aubergine • ½ poivron vert • 2 petits oignons doux • 2 gousses d'ail • estragon • sel, poivre

Réalisation

Lavez et parez les tomates, le poivron et l'aubergine. Épluchez et émincez les oignons. Retirez la peau des morceaux de poulet.

Mélangez les légumes, mettez-en la moitié au fond d'une cocotte, déposez dessus les morceaux de poulet, l'ail écrasé puis recouvrez avec le reste des légumes. Parsemez d'estragon, salez et poivrez.

Fermez la cocotte et laissez cuire à feu doux à l'étouffée pendant 1 heure environ. Rectifiez l'assaisonnement si nécessaire et servez.

POULET À LA MENTHE AUX CITRONS CONFITS

4 pers. Préparation : 20 min – Cuisson : 20 min ***280 kcal/pers.***

600 g de blancs de poulet • 50 g de beurre doux • 2 oignons jaunes • 25 cl de bouillon de volaille dégraissée • 1 bouquet de menthe • 1 bouquet de coriandre • 4 branches de persil • ½ bouquet de ciboulette • 2 citrons non traités • sel, poivre noir du moulin

Réalisation

Lavez les citrons, prélevez le zeste, râpez-le et pressez le fruit. Épluchez et détaillez les oignons en lamelles. Détaillez la viande en lanières régulières. Faites fondre 10 g de beurre dans une sauteuse à revêtement antiadhésif et faites revenir les oignons. Ajoutez le poulet et mouillez avec le bouillon. Salez et poivrez. Couvrez et laissez cuire pendant environ 20 minutes.

Pendant ce temps, lavez et ciselez la menthe (réservez-en la moitié), la coriandre, le persil et la ciboulette. Dans une casserole, faites fondre le beurre restant avec les herbes et la moitié de la menthe ciselée.

Versez le beurre aux herbes sur le poulet avec le jus des citrons et les zestes râpés. Laissez mijoter 10 minutes supplémentaires. Servez dans un plat de service creux, agrémentez de menthe ciselée.

POULET À LA PORTUGAISE

4 pers. Préparation : 20 min – Cuisson : 1 h **293 kcal/pers.**

4 cuisses de poulet fermier • 1 cuil. à soupe d'huile d'olive • 10 g de beurre • 8 tomates • 1 oignon jaune • 10 cl de vin blanc sec • persil plat • sel fin, poivre noir du moulin

Réalisation

Pelez et émincez l'oignon. Retirez les pédoncules des tomates et plongez-les quelques secondes dans l'eau bouillante. Quand la peau se détache, égouttez-les et pelez-les. Coupez-les ensuite en deux, épépinez-les et coupez-les en morceaux. Réservez. Faites chauffer le beurre et l'huile dans une cocotte. Faites-y revenir l'oignon puis faites dorer les cuisses de poulet sur toutes leurs faces. Salez et poivrez. Couvrez et laissez mijoter pendant 30 minutes. Ajoutez les tomates et poursuivez la cuisson 15 minutes à demi-couvert.

Sortez les cuisses de poulet de la cocotte, versez le vin blanc et faites réduire de moitié la sauce à feu vif. Rectifiez l'assaisonnement et versez sur le poulet. Parsemez de persil et servez aussitôt.

POULET ANTILLAIS

4 pers. Préparation : 15 min – Cuisson : 1 h 30 **220 kcal/pers.**

500 à 600 g de blancs de poulet • 1 oignon jaune • 1 poivron rouge • 20 cl de lait de coco • 2 cuil. à soupe d'huile d'olive • 2 cuil. à soupe de crème fraîche allégée • 1 pincée de curry en poudre • sel, poivre du moulin

Réalisation

Détaillez la viande en fines lamelles. Pelez et émincez grossièrement l'oignon. Pelez le poivron, ôtez le pédoncule et égrainez-le. Dans une sauteuse, faites chauffer l'huile et laissez-y roussir les légumes. Ajoutez la viande et faites revenir le tout 5 minutes environ. Salez et poivrez.

Disposez cette préparation dans le bol à mijoter, mouillez avec le lait de coco et saupoudrez de curry. Mélangez et laissez mijoter pendant 1 heure 30 minutes.

Retirez les escalopes et faites réduire la sauce de moitié. Déglacez avec la crème légère et rectifiez l'assaisonnement si nécessaire. Servez bien chaud dans un plat de service.

POULET ASIATIQUE

4 pers. Préparation : 15 min – Cuisson : 30 min *223 kcal/pers.*

4 cuisses de poulet de 120 g chacune • 400 g de poêlée asiatique surgelée • 2 cuil. à soupe d'huile de sésame • 2 cuil. à soupe de sauce de soja • sel, poivre du moulin

Réalisation

Faites chauffer l'huile dans votre autocuiseur et laissez-y dorer la viande. Salez et poivrez. Ajoutez-y la poêlée de légumes et la sauce de soja.

Mouillez avec un verre d'eau et fermez la cocotte. Laissez cuire à la vapeur pendant 30 minutes environ. Servez dans un plat de service.

POULET AU COLA

4 pers. Préparation : 10 min – Cuisson : 1 h *172 kcal/pers.*

4 filets de poulet de 150 g chacun • 4 cuil. à soupe de ketchup • 40 cl de cola light • sel, poivre du moulin

Réalisation

Dans une jatte, mélangez le cola et le ketchup. Assaisonnez la viande sur les deux faces. Placez les filets de poulet dans le bol à mijoter de votre autocuiseur.

Versez le mélange au cola sur le poulet et laissez mijoter la viande pendant 1 heure environ. Retirez les filets et faites réduire la sauce dans une casserole à feu moyen. Servez bien chaud.

POULET AU FENOUIL

4 pers. Préparation : 25 min – Cuisson : 20 min **184 kcal/pers.**

500 g de blancs de poulet • 400 g de fenouil • 1 citron non traité • 4 ou 5 oignons nouveaux • 1 cuil. à soupe d'huile d'olive • quelques brins de coriandre • safran • sel, poivre

Réalisation

Lavez et coupez le fenouil en tranches fines. Lavez et émincez les oignons. Ébouillantez le citron puis coupez-le en huit. Coupez les blancs de poulet en lanières.

Dans une cocotte, faites revenir les oignons émincés avec l'huile d'olive, à feu doux sans le colorer. Ajoutez le fenouil et les lanières de poulet. Laissez dorer environ 5 minutes à feu vif en remuant régulièrement. Couvrez avec 20 cl d'eau, réduisez votre feu, ajoutez le citron, du sel, du poivre et du safran.

Couvrez et laissez cuire à feu doux pendant 20 minutes. Servez parsemé de petites feuilles de coriandre.

POULET AU LAIT DE COCO

4 pers. Préparation : 15 min – Cuisson : 1 h 30 **220 kcal/pers.**

500 à 600 g de blancs de poulet • 1 oignon jaune • 1 poivron rouge • 20 cl de lait de coco • 2 cuil. à soupe d'huile d'olive • 2 cuil. à soupe de crème fraîche allégée • 1 pincée de curry en poudre • sel fin, poivre du moulin

Réalisation

Détaillez la viande en fines lamelles. Pelez et émincez grossièrement l'oignon. Pelez le poivron, ôtez le pédoncule et égrainez-le. Dans une sauteuse, faites chauffer l'huile et laissez-y roussir les légumes. Ajoutez la viande et faites revenir le tout 5 minutes environ. Salez et poivrez.

Disposez cette préparation dans le bol à mijoter, mouillez avec le lait de coco et saupoudrez de curry. Mélangez et laissez mijoter pendant 1 heure 30 minutes.

Retirez la viande et faites réduire la sauce de moitié. Déglacez avec la crème légère et rectifiez l'assaisonnement si nécessaire. Servez bien chaud dans un plat de service.

POULET AU MIEL ÉPICÉ

4 pers. Préparation : 10 min – Marinade : 1 h – Cuisson : 30 min

311 kcal/pers.

8 pilons de poulet • 3 cuil. à soupe de miel liquide d'acacia • 1 cuil. à soupe d'épice tandoori • 1 cuil. à soupe de coriandre fraîche ciselée • 2 cuil. à soupe d'huile d'olive • 1 jus de citron

Réalisation

Préparez la marinade en mélangeant l'huile, le miel, les épices, la coriandre et le jus du citron. Retirez la peau des pilons et faites-les mariner pendant 1 heure en les tournant régulièrement afin de bien les envelopper de sauce. Préchauffez votre four à 180 °C (th. 6).

Posez les pilons de poulet dans un plat allant au four, enfournez-les et laissez cuire 15 minutes. Arrosez les pilons avec un peu de marinade et poursuivez la cuisson pendant 15 minutes. Servez accompagné d'une salade ou d'un wok de légumes.

POULET AU SAFRAN

4 pers. Préparation : 20 min – Cuisson : 40 min **388 kcal/pers.**

4 cuisses de poulet • 40 cl de bouillon de volaille dégraissé • 100 g de riz long • 1 pincée de safran • 3 tomates • 3 courgettes • 1 poivron rouge • 1 poivron vert • sel, poivre

Réalisation

Disposez les cuisses de poulet dans le bol à riz de votre cuit vapeur, assaisonnez de sel, poivre et safran. Ajoutez-y le riz et mouillez de bouillon de volaille.

Placez le bol à riz dans le bol inférieur. Coupez les tomates en quartiers, les courgettes en tronçons sans les peler et les poivrons en lanières. Disposez tous les légumes dans le bol du haut. Faites cuire à la vapeur 40 minutes.

Servez dans un plat de service, la viande et les légumes arrosés de bouillon.

POULET FERMIER AU BASILIC

4 pers. Prép. : 20 min – Cuisson : 40 à 45 min **248 kcal/pers.**

1 poulet fermier d'environ 1,2 kg • 1 oignon blanc • 2 gousses d'ail • 200 g de tomates • 3 ou 4 branches de basilic frais • ½ citron • 1 cuil. à soupe d'huile d'olive • fleur de sel, poivre noir du moulin

Réalisation

Préchauffez le four à 220 °C (th. 7-8). Assaisonnez l'intérieur du poulet et placez-le dans un plat à rôtir. Déposez les gousses d'ail et l'oignon au fond du plat sans les peler.

Faites cuire la volaille pendant 30 minutes en l'arrosant de temps en temps avec un peu d'eau. Retirez l'ail et l'oignon du plat et remettez le poulet au four pendant 10 à 15 minutes.

Pelez les tomates et écrasez-les avec au pilon. Ajoutez le jus du citron et l'huile d'olive. Hachez le basilic et ajoutez-le à la sauce. Sortez le poulet du four et découpez-le.

Déposez les morceaux dans un plat de service. Récupérez le suc de cuisson et ajoutez-le à la sauce à l'ail. Réchauffez-la sur feu doux et versez-la sur la viande. Servez aussitôt.

POULET MARENGO

4 pers. Préparation : 20 min – Cuisson : 45 min ***219 kcal/pers.***

1 poulet de 1,2 kg coupé en morceaux • 70 g de concentré de tomates • 400 g de tomates grappe • 6 oignons nouveaux • 2 échalotes • 2 gousses d'ail • 20 cl de vin blanc sec • 1 bouquet garni • sel, poivre

Réalisation

Lavez et émincez les oignons, pelez et émincez les échalotes. Lavez les tomates, coupez-les en dés. Faites dorer les morceaux de poulet sans la peau dans une grande poêle à revêtement antiadhésif (ou un faitout). Tournez-les pour dorer chaque côté puis réservez-les.

Dans la poêle, ajoutez les oignons, les échalotes et versez le vin blanc. Ajoutez le concentré de tomates, les dés de tomate, l'ail écrasé et le bouquet garni. Remettez la viande, salez, poivrez.

Couvrez et laissez cuire 45 minutes à feu doux en tournant les morceaux à mi-cuisson. En fin de cuisson, retirez le bouquet garni et dressez dans un plat de service.

POULET POCHÉ, SAUCE LÉGÈRE AUX HERBES FRAÎCHES

4 pers. Prép. : 30 min – Cuisson : 40 à 45 min **290 kcal/pers.**

1 poulet de 1,2 kg • ½ citron • 1 oignon • 1 carotte • 2 poireaux • 1 branche de céleri • 1 bouquet garni • 1 gousse d'ail • 1 clou de girofle • 2 jaunes d'œufs • 20 g de fromage blanc à 20 % de MG • 1 cuil. à soupe d'herbes fraîches (ciboulette, estragon, persil, cerfeuil) • gros sel, poivre du moulin

Réalisation

Épluchez et coupez l'oignon en deux et piquez-le d'un clou de girofle. Épluchez, lavez et coupez la carotte en quatre, dans le sens de la longueur. Nettoyez et ficelez les poireaux et la branche de céleri.

Confectionnez le bouquet garni : ficelez ensemble thym, laurier et persil. Frottez la surface du poulet avec le citron et placez-le dans une cocotte. Ajoutez les légumes, le bouquet garni, l'ail, versez de l'eau froide à 2 cm environ au-dessus du poulet. Salez. Portez à ébullition, écumez, fermez la cocotte et laissez cuire à feu doux durant 40 à 45 minutes.

Au terme de la cuisson, récupérez 15 cl de bouillon dégraissé et réservez au chaud. Battez les jaunes d'œufs et le fromage blanc. Versez le bouillon tiède tout en remuant. Ajoutez les herbes fraîches hachées et rectifiez l'assaisonnement si nécessaire.

Découpez le poulet, retirez la peau, disposez les morceaux dans le plat de service et nappez de sauce.

POULET RÔTI POMME CANNELLE

4 pers. Préparation : 20 min – Cuisson : 45 min **310 kcal/pers.**

1 poulet d'environ 1,2 kg • 2 pommes bien juteuses • 10 cl de jus de pomme 100 % fruits sans sucre ajouté • 1 citron • 10 g de beurre • cannelle en poudre • sel, poivre noir du moulin

Réalisation

Préchauffez le four à 210 °C (th. 7). Salez et poivrez le poulet et disposez-le dans un plat allant au four. Cuisez-le environ 35 minutes en prenant soin de le retourner de temps à autre.

Pressez le citron et mélangez-le au jus de pomme. Pelez et épépinez les pommes puis coupez-les en quartiers. Faites-les revenir dans le beurre. Lorsqu'ils sont dorés, ajoutez-les au poulet.

Déglacez les sucs de la viande avec le jus de pomme citronné et ajoutez 15 cl d'eau. Saupoudrez de cannelle et prolongez la cuisson au four pendant 5 à 10 minutes. Découpez la volaille et disposez les morceaux sur un plat de service.

Agrémentez-la avec les quartiers de pomme poêlés et nappez de sauce.

POULET SAUTÉ AUX COURGETTES ET AUX FINES HERBES

4 pers. Préparation : 10 min – Cuisson : 20 min *224 kcal/pers.*

600 g d'aiguillettes de poulet • 400 g de courgettes • 2 gousses d'ail • 1 cuil. à soupe d'huile d'olive • 1 cuil. à soupe de crème à 15 % de MG • 1 cuil. à soupe de fines herbes mélangées (coriandre, basilic, ciboulette...) • sel, poivre

Réalisation

Lavez puis coupez les courgettes en petits cubes. Dans une grande poêle, faites revenir les aiguillettes de poulet pendant 10 minutes avec l'huile d'olive en les tournant à mi-cuisson.

Ajoutez les courgettes, l'ail écrasé et laissez cuire pendant 10 minutes à feu doux en couvrant afin de laisser fondre les courgettes. Ajoutez les fines herbes, la crème, salez, poivrez et mélangez bien. Servez aussitôt.

Conseil : *faites varier ce plat en remplaçant les courgettes par des poivrons, des oignons ou encore des champignons.*

RÂBLE DE LAPIN AU BASILIC

4 pers. Préparation : 15 min – Cuisson : 45 min *288 kcal/pers.*

1 râble de lapin de 600 g environ • 500 g de tomates bien mûres • 2 oignons • 1 verre de vin blanc • 1 verre de bouillon dégraissé • 1 branche de basilic frais • 1 cuil. à soupe d'huile d'olive • sel, poivre du moulin

Réalisation

Épluchez et émincez les oignons. Coupez le râble en morceaux. Coupez les tomates en quartiers. Faites revenir le lapin dans l'huile bien chaude. Ajoutez les oignons. Déglacez avec le bouillon de volaille et le vin blanc. Assaisonnez.

Faites cuire pendant 30 à 40 minutes à feu moyen. À mi-cuisson, ajoutez les tomates. Au moment de servir, rectifiez l'assaisonnement et ajoutez à la sauce le basilic fraîchement ciselé.

RÂBLE DE LAPIN AUX RAISINS BLANCS

4 pers. Préparation : 15 min – Cuisson : 45 min ***360 kcal/pers.***

1 râble de lapin de 600 g environ • 150 g de raisin blanc • 2 oignons jaunes • 1 verre de vin blanc sec • 1 verre de bouillon de volaille dégraissé • 40 g d'amandes émondées • 1 cuil. à soupe d'huile d'olive • sel fin, poivre noir du moulin

Réalisation

Faites revenir le lapin coupé en morceaux dans l'huile bien chaude. Sortez et réservez. Dans la graisse de cuisson de la viande, ajoutez les oignons préalablement pelés et finement émincés.

Replacez les morceaux de viande dans la cocotte et déglacez avec le bouillon de volaille et le vin blanc. Salez et poivrez modérément. Faites cuire pendant 30 à 40 minutes à feu moyen.

À mi-cuisson, ajoutez les amandes émondées et les grains de raisin coupés en deux et préalablement épépinés. Rectifiez l'assaisonnement et servez aussitôt.

SAUTÉ DE LAPIN AU THYM

4 pers. Préparation : 25 min – Cuisson : 45 min *365 kcal/pers.*

4 cuisses de lapin • 400 g de pommes de terre • 2 oignons • 2 échalotes • 1 gousse d'ail • 12 cl de vin blanc sec • 20 g de beurre • 1 cuil. à soupe d'huile d'olive • thym • persil • sel, poivre du moulin

Réalisation

Dans une cocotte, faites chauffer 10 g de beurre et l'huile et laissez dorer les cuisses de lapin quelques minutes sur chaque face. Pelez les oignons, l'ail et les échalotes et coupez l'oignon en 2 ou en 4. Émiettez le thym.

Ajoutez-les à la viande, assaisonnez et mouillez avec le vin blanc. Couvrez et laissez cuire sur feu doux pendant 30 minutes. Pelez les pommes de terre et coupez-les en 4. Dans une sauteuse, faites chauffer le reste de beurre et faites-y dorer les légumes en remuant sans cesse. Salez, poivrez et laissez cuire à feu moyen pendant 10 minutes.

Après 30 minutes de cuisson, ajoutez 10 cl d'eau et mélangez pour décoller les sucs de la viande. Ajoutez les pommes de terre, couvrez et prolongez la cuisson pendant 10 à 15 minutes supplémentaires. Saupoudrez de persil haché et servez aussitôt.

SAUTÉ DE LAPIN AUX ÉCHALOTES GRISES

4 pers. Préparation : 20 min – Cuisson : 40 min **352 kcal/pers.**

4 cuisses de lapin • 8 échalotes grises • 1 gousse d'ail • quelques fanes de persil plat • 12 cl de vin blanc sec • 20 g de beurre • 1 branche de thym • sel fin, poivre noir du moulin

Réalisation

Dans une cocotte, faites chauffer 10 g de beurre et laissez dorer les cuisses de lapin quelques minutes sur chaque face. Pelez l'ail et l'échalote. Émiettez le thym. Ajoutez-les à la viande, assaisonnez et mouillez avec le vin blanc. Salez et poivrez modérément. Couvrez et laissez cuire sur feu doux.

Après 30 minutes de cuisson, ajoutez 10 cl d'eau et mélangez pour décoller les sucs de la viande. Prolongez la cuisson pendant 8 à 10 minutes. Lavez et ciselez le persil.

Au moment de servir, parsemez de persil ciselé et rectifiez l'assaisonnement si nécessaire.

SUPRÊME DE PINTADE AU MIEL

4 pers. Préparation : 15 min – Cuisson : 30 min **178 kcal/pers.**

4 blancs de pintade • 2 oignons • 4 cuil. à soupe de raisins de Corinthe • 2 cuil. à soupe de miel • ½ citron • 2 cuil. à soupe de vinaigre balsamique • sel, poivre du moulin

Réalisation

Détaillez les blancs de pintade en lanières. Disposez-les dans le bol à riz du cuit-vapeur. Salez et poivrez. Pelez et hachez l'oignon. Râpez le zeste du citron.

Dans un bol, mélangez le hachis d'oignon, le zeste de citron, les raisins secs, le miel et le vinaigre. Mélangez. Versez cette préparation sur la volaille et disposez le bol à riz dans le bol inférieur du cuit-vapeur. Faites cuire 25 à 30 minutes et servez aussitôt.

SUPRÊME DE VOLAILLE À L'ESTRAGON

4 pers. Préparation : 10 min – Cuisson : 15 min ***144 kcal/pers.***

4 blancs de volaille de 120 g chacun • Quelques branches d'estragon frais • 4 cuil. à soupe de crème fraîche allégée à 5 % de MG • 1 cuil. à soupe de moutarde à l'ancienne • sel, poivre du moulin

Réalisation

Détaillez la volaille en lanières, salez et poivrez. Ciselez l'estragon et roulez-y les morceaux de viande. Placez dans le bol inférieur du cuit-vapeur et laissez cuire 15 minutes à la vapeur.

Dans une casserole, mélangez la crème avec la moutarde et chauffez sur feu doux. Servez l'émincé de volaille nappé de sauce.

TAJINE DE POULET À LA CORIANDRE ET AUX CITRONS

4 pers. Préparation : 20 min – Cuisson : 20 min **256 kcal/pers.**

600 g de blancs de poulet • 20 g de beurre • 2 oignons jaunes • 25 cl de bouillon de volaille dégraissé • quelques brins de coriandre • 2 citrons non traités • sel fin, poivre noir du moulin

Réalisation

Lavez les citrons, zestez-les grossièrement et pressez-les. Épluchez et détaillez les oignons en lamelles. Détaillez la viande en lanières régulières.

Faites fondre le beurre dans le tajine, à défaut, une sauteuse à revêtement antiadhésif fera très bien l'affaire et faites revenir les oignons. Ajoutez le poulet et mouillez avec le bouillon. Salez et poivrez. Couvrez et laissez cuire pendant environ 10 minutes.

Lavez et ciselez la coriandre. Ajoutez à la viande le jus des citrons, les zestes râpés et la coriandre ciselée. Laissez mijoter à découvert pendant 10 minutes supplémentaires. Servez bien chaud directement dans le plat à tajine.

TARTARE DE CANARD AUX DEUX SÉSAMES

4 pers. Préparation : 30 min – Attente : 2 h **248 kcal/pers.**

1 magret de canard dégraissé • 1 échalote • 2 cuil. à soupe de graines de sésame • quelques brins de ciboulette fraîche • 1 gousse d'ail • 4 cuil. à soupe d'huile d'olive • 1 cuil. à soupe de vinaigre de xérès • 1 cuil. à café de sauce chili • 1 cuil. à café de sauce Worcestershire • 1 cuil. à café de sauce soja • 1 morceau de gingembre frais • 1 branche de thym • gros sel

Réalisation

Salez le magret et laissez-le reposer pendant au moins 1 heure au frais. Rincez-le pour enlever l'excès de sel et épongez-le. Coupez le magret en petits dés et conservez-le au réfrigérateur.

Préparez la marinade : épluchez et hachez finement l'échalote et la gousse d'ail. Dans un bol, mélangez les sauces, l'huile et le vinaigre. Ajoutez-y le hachis préalablement préparé, le gingembre râpé, le thym et les graines de sésame.

Nappez la viande, mélangez et replacez au frais jusqu'au moment de servir.

TIAN DE POULET À LA PROVENÇALE

4 pers. Prép. : 15 min – Cuisson : 20 à 25 min **329 kcal/pers.**

600 g de blancs de poulet • 4 courgettes • 1 poivron jaune • 4 tomates moyennes • 4 cuil. à soupe de parmesan râpé • 1 branche de thym • 1 gousse d'ail • 2 cuil. à soupe d'huile d'olive • fleur de sel, poivre du moulin

Réalisation

Préchauffez le four à 180 °C (th. 6). Lavez les légumes, épongez-les dans du papier absorbant, épluchez-les et taillez-les en fines rondelles. Découpez le poulet en tranches épaisses. Frottez l'intérieur d'un plat à four avec la gousse d'ail.

Disposez les rondelles de légumes et les tranches de poulet en alternance dans le plat en les faisant se chevaucher. Salez et poivrez. Arrosez d'huile d'olive. Saupoudrez de parmesan. Enfournez et laissez cuire pendant 20 à 25 minutes. Servez chaud dès la sortie du four.

WOK DE CANARD SAUCE AU CURRY

4 pers. Préparation : 20 min – Cuisson : 25 min **242 kcal/pers.**

250 g d'aiguillettes de canard • 2 aubergines • 4 petites tomates • 1 poivron vert • 1 oignon jaune • 1 cuil. à soupe d'huile de sésame • 1 cuil. à soupe de jus de citron vert • curry en poudre • quelques brins de coriandre fraîche • sel fin, poivre noir du moulin

Réalisation

Lavez les aubergines et coupez-les en tranches fines dans le sens de la longueur. Pelez et hachez grossièrement l'oignon. Pelez les tomates et coupez-les en rondelles. Parez le poivron :

enlevez le pédoncule et les graines, débarrassez-le des parties blanches, ligneuses puis détaillez-le en lanières. Coupez les aiguillettes en deux ou en quatre et faites-les revenir dans une cuillerée d'huile bien chaude.

Sortez-les et réservez. Dans la graisse de cuisson du canard, faites revenir l'oignon, puis les aubergines et le poivron. Saupoudrez de curry, salez et poivrez modérément. Ajoutez les tomates pelées, les lanières de viande, la coriandre ciselée et le jus de citron vert. Mélangez et prolongez la cuisson à découvert, à vif pendant 2 à 3 minutes supplémentaires. Servez aussitôt.

YASSA DE POULET

4 pers. Préparation : 15 min – Cuisson : 20 min **237 kcal/pers.**

4 cuisses de poulet cuites • 4 oignons jaunes • 1 petit piment • 2 cuil. à soupe d'huile d'arachide • 4 limes • 1 bouquet garni • sel fin, poivre noir du moulin

Réalisation

Préparez la marinade : épluchez les oignons, émincez-les ainsi que le piment. Pressez les citrons. Dans un grand saladier, mettez les oignons, le piment, le jus des citrons, du thym, du laurier, du sel et du poivre puis déposez les morceaux de poulet effilochés. Laissez mariner la nuit. Retirez le poulet de la marinade, épongez et faites poêler la viande dans une sauteuse pendant quelques minutes.

À part, faites chauffer l'huile, ajoutez les oignons marinés et laissez rissoler puis ajoutez le jus de la marinade et portez à ébullition. Ajoutez le poulet, réduisez le feu et laissez mijoter 15 minutes supplémentaires. Servez bien chaud.

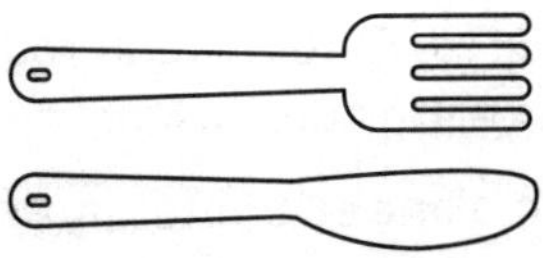

Par ici les légumes !

ARTICHAUTS BARIGOULE

4 pers. Préparation : 20 min – Cuisson : 30 min 197 kcal/pers.

8 petits artichauts violets • 150 g de bacon • 1 carotte • 1 oignon • 2 gousses d'ail • 1 verre de vin blanc • 2 cuil. à soupe d'huile d'olive • sel, poivre du moulin

Réalisation

Épluchez la carotte, l'oignon et l'ail. Émincez-les. Coupez le bacon en fines lanières. Faites revenir tous les légumes et le bacon à l'huile dans votre autocuiseur.

Mouillez avec le vin blanc et ajoutez un verre d'eau. Salez et poivrez. Ajoutez les artichauts coupés en quatre et refermez la cocotte. Dès que la vapeur s'échappe, réduisez le feu et laissez cuire 30 minutes environ. Servez aussitôt.

ASPERGES GRATINÉES AUX GRAINES DE SÉSAME

4 pers. Préparation : 10 min – Cuisson : 30 min 119 kcal/pers.

1 kg d'asperges • 2 œufs • 4 cuil. à soupe de crème fraîche à 15 % de MG • 2 cuil. à soupe de graines de sésame • sel, poivre du moulin

Réalisation

Pelez les asperges en allant de la pointe vers le pied. Coupez éventuellement le bout du pied. Lavez-les à grande eau. Liez-les en botte et plongez-les dans de l'eau bouillante salée pendant 15 minutes environ.

Égouttez-les et réservez-les au chaud. Battez les œufs et la crème jusqu'à obtention d'un mélange homogène. Salez et poivrez légèrement.

Dans un plat allant au four, disposez les asperges et versez dessus le mélange œufs-crème. Parsemez de graines de sésame et enfournez pendant 15 à 20 minutes. Servez dès la sortie du four.

AUBERGINES AU CUMIN

4 pers. Préparation : 15 min – Réfrigération : 2 h – Cuisson : 20 min

135 kcal/pers.

4 aubergines • 1 citron • 4 cuil. à soupe d'huile d'olive • 1 cuil. à soupe de graines de coriandre • 1 cuil. à soupe de graines de cumin • 2 cuil. à soupe de concentré de tomates • 1 bouquet garni • sel, poivre noir concassé

Réalisation

Portez à ébullition 50 cl d'eau légèrement salée. Ajoutez-y l'huile, le jus du citron, la coriandre, le cumin, le bouquet garni et le concentré de tomates. Poivrez à votre convenance. Ôtez les extrémités des aubergines puis détaillez-les en petits cubes. Plongez-les dans le court-bouillon précédemment préparé pendant 10 minutes environ.

Égouttez les aubergines et réservez-les. Filtrez le court-bouillon et faites-le réduire de moitié à gros bouillons. Versez dans un plat de service creux, jetez-y les dés d'aubergines et placez au frais jusqu'au moment de servir.

AUBERGINES ET COURGETTES FONDANTES

4 pers. Préparation : 20 min – Cuisson : 25 min ***75 kcal/pers.***

300 g d'aubergine • 300 g de courgettes • 200 g de coulis de tomates • 1 oignon • 2 gousses d'ail • 1 cuil. à soupe d'huile d'olive • origan • sel, poivre

Réalisation

Lavez, pelez puis coupez en rondelles les courgettes et l'aubergine. Faites fondre les rondelles d'aubergine à feu doux à la poêle avec l'huile d'olive. Réservez. Pelez et émincez l'oignon, faites-le revenir seul dans la poêle.

Dans un plat allant au four, superposez une couche d'aubergine, puis une couche de courgettes. Ajoutez les oignons puis le coulis de tomates et répartissez dessus l'ail écrasé. Recouvrez de nouveau d'une couche d'aubergine puis des courgettes. Salez, poivrez puis ajoutez de l'origan et l'huile d'olive. Placez au four pour 25 minutes et servez aussitôt.

Conseil : *pensez à vous remettre au sport… en salle ou en plein air, trouvez celui qui vous convient afin de réussir à le pratiquer régulièrement. Et pourquoi pas vous motiver en y allant un jour fixe avec un(e) ami(e) ou collègue de travail ?*

BOULGOUR VAPEUR AUX PETITS LÉGUMES

4 pers. Préparation : 15 min – Cuisson : 8 min **231 kcal/pers.**

200 g de blé (cuisson rapide) • 1 oignon • 1 courgette • 1 carotte • ½ poivron • 20 g de beurre • sel, poivre du moulin

Réalisation

Pelez et détaillez tous les légumes en petits dés. Placez-les avec le blé dans la cocotte, ajoutez l'eau, le sel et le poivre. Fermez la cocotte et faites cuire à la vapeur pendant 7 à 8 minutes.

Au moment de servir, rectifiez l'assaisonnement et parsemez de noisettes de beurre.

BRICKS DE BROCOLIS

4 pers. Préparation : 20 min – Cuisson : 25 min **196 kcal/pers.**

400 g de brocoli en fleurettes • 200 g de dés de jambon • 400 g de coulis de tomates • 8 feuilles de brick • 1 cuil. à soupe d'huile d'olive • 1 cuil. à soupe de vinaigre balsamique • 2 jaunes d'œufs • cumin en poudre • sel, poivre

Réalisation

Faites cuire les fleurettes de brocoli à la vapeur. Égouttez-les puis passez-les quelques instants dans une poêle à revêtement antiadhésif avec l'huile d'olive. Ajoutez le coulis de tomates, le cumin et le vinaigre balsamique. Salez, poivrez puis laissez mijoter pendant 10 minutes à feu doux.

Répartissez la préparation dans les huit feuilles de brick, repliez les bords afin de les fermer puis badigeonnez-les de jaune d'œuf à l'aide d'un pinceau. Juste avant de servir, passez les bricks à la poêle afin de les faire dorer.

BRICKS DE LÉGUMES DE PRINTEMPS

4 pers. Préparation : 10 min – Cuisson : 20 min **115 kcal/pers.**

200 g de carottes jeunes • 100 g d'oignons nouveaux • 200 g de courgettes • 200 g de pousses d'épinards • 1 cuil. à soupe d'huile d'olive • 200 g de fromage blanc à 0 % de MG • 1 cuil. à soupe de baies roses • 8 feuilles de bricks • sel, poivre

Réalisation

Lavez et parez les légumes en les coupant en julienne. Faites-les cuire à feu doux pendant 15 minutes dans un faitout en couvrant. Laissez-les refroidir, mélangez-les avec le fromage blanc, salez et poivrez, ajoutez les baies roses et répartissez-les sur les feuilles de brick.

Fermez les feuilles de brick et passez-les rapidement à la poêle de chaque côté avec l'huile d'olive. Servez.

BROCHETTES DE LÉGUMES

4 pers. Préparation : 20 min – Cuisson : 10 min **53 kcal/pers.**

200 g de champignons de Paris • 2 tomates grappe • 200 g de courgettes • 200 g de fenouil • 2 cuil. à café d'huile d'olive • origan • sel, poivre

Réalisation

Préchauffez votre four sur position gril. Lavez les légumes, coupez les tomates, les champignons et les courgettes en quartiers, le fenouil en petits cubes. Montez les brochettes en alternant les légumes puis passez-les dans une assiette avec l'huile d'olive. Salez, poivrez et parsemez d'origan.

Passez les brochettes au gril environ 10 à 15 minutes jusqu'à ce qu'elles commencent à dorer. Servez.

CAROTTES CONFITES AU PAPRIKA

4 pers. Préparation : 15 min – Cuisson : 30 min **178 kcal/pers.**

800 g de carottes primeur • 2 cuil. à soupe de miel de fleurs • 4 cuil. à soupe d'huile d'olive extra vierge • ½ citron • paprika en poudre • sel

Réalisation

Nettoyez et pelez les carottes puis détaillez-les en rondelles. Portez à ébullition une grande casserole d'eau salée et plongez-y les légumes quelques minutes, juste le temps de les blanchir. Égouttez-les.

Dans un saladier, mélangez le miel, l'huile, le jus du citron et saupoudrez de paprika. Versez le mélange dans une cocotte, ajoutez-y les carottes et laissez cuire sur feu doux pendant 20 minutes supplémentaires. Servez aussitôt.

CASSOLETTES DE GIROLLES À LA CIBOULETTE

4 pers. Préparation : 15 min – Cuisson : 10 min *140 kcal/pers.*

800 g de girolles • 4 cuil. à soupe de crème liquide allégée • 1 bouquet de ciboulette • 1 échalote grise • 2 cuil. à soupe d'huile d'olive • 1 pincée de fleur de sel de Guérande • poivre noir concassé

Réalisation

Nettoyez les girolles dans un linge sans les laver. Lavez, séchez et ciselez la ciboulette. Pelez et hachez l'échalote. Faites chauffer l'huile dans une sauteuse et faites-y revenir les girolles avec le hachis d'échalote pendant 5 minutes à feu vif. Salez et poivrez.

Réduisez le feu, versez la crème fleurette puis ajoutez la ciboulette. Prolongez la cuisson de quelques minutes supplémentaires, à découvert. Versez dans des caquelons individuels et servez aussitôt.

CHOU ROUGE BRAISÉ AUX ÉPICES

4 pers. Préparation : 15 min – Cuisson : 50 min *154 kcal/pers.*

½ chou rouge • 1 pomme type Golden • 1 oignon jaune • 2 cuil. à soupe de cassonade • 10 cl de bouillon de volaille dégraissé • 10 cl de vin blanc sec • 2 cuil. à soupe d'huile d'olive • 2 cuil. à soupe d'épices variées (baies de genièvre, cannelle moulue, clou de girofle, cumin)

Réalisation

Pelez la pomme, débarrassez-la du trognon et râpez-la grossièrement. Lavez et coupez le chou en lanières régulières. Pelez et hachez grossièrement l'oignon. Dans une cocotte, faites chauffez l'huile et ajoutez-y l'oignon, la pomme et les épices. Faites colorer à feu moyen puis saupoudrez de cassonade. Mélangez.

Mouillez avec le bouillon de volaille et le vin puis ajoutez-y le chou. Couvrez, réduisez le feu et laissez mijoter environ 45 minutes. Vérifiez la cuisson à l'aide de la pointe d'un couteau.

CLAFOUTIS AUX POIVRONS

4 pers. Préparation : 15 min – Cuisson : 40 min ***115 kcal/pers.***

300 g de poivrons rouges • 200 g de fromage blanc à 0 % de MG • 15 cl de lait demi-écrémé • 2 œufs • 20 g de farine • origan • sel, poivre

Réalisation

Préchauffez votre four à 210 °C (th. 7). Lavez et coupez les poivrons en deux, retirez-en les pépins puis passez-les au four pendant 10 à 15 minutes. À la sortie du four, placez-les dans un récipient et couvrez-les d'un film plastique, laissez-les refroidir ainsi puis retirez la peau qui doit se décoller facilement. Coupez-les en petits cubes.

Battez les œufs avec le fromage blanc, ajoutez la farine puis le lait et battez quelques minutes. Salez, poivrez, ajoutez de l'origan. Déposez les poivrons dans un plat à gratin, versez le mélange aux œufs dessus. Placez au four et laissez cuire 25 à 30 minutes.

La pointe du couteau, enfoncée dans le gratin, doit ressortir sèche. Servez accompagné d'une salade de mesclun.

Conseil : *buvez régulièrement ! Si l'eau ne fait pas maigrir, elle aide à drainer et à éliminer les toxines... et en période de perte de poids, le corps libère davantage de toxines ! 1,5 litre par jour est le minimum, mais n'hésitez pas à augmenter cette quantité en cas de fortes chaleurs, si vous travaillez dans des bureaux climatisés, en cas d'activité physique ou de voyage.*

COURGETTES AU PARMESAN

4 pers. Prép. : 15 à 20 min – Cuisson : 10 min ***130 kcal/pers.***

4 courgettes • 2 cuil. à soupe d'huile d'olive extra vierge • 2 cuil. à soupe de parmesan râpé • 2 gousses d'ail • 2 cuil. à soupe de jus de citron jaune • sel fin, poivre noir du moulin

Réalisation

Coupez les extrémités des courgettes sans les peler et coupez-les en deux dans le sens de la longueur. Pelez l'ail et écrasez-le au pilon.

Dans une poêle à revêtement antiadhésif, faites chauffer l'huile. Faites-y blondir les courgettes, côté chair en premier. Assaisonnez-les, retournez-les, couvrez et prolongez la cuisson sur feu doux pendant 10 minutes environ.

Arrosez les courgettes de jus de citron, saupoudrez d'ail et de parmesan et passez-les sous le gril du four pendant 2 minutes, juste le temps de les gratiner légèrement.

Servez bien chaud dans un plat de service.

CURRY DE POIS CHICHES À LA CARDAMOME

4 pers. Préparation : 15 min – Cuisson : 1 h 20 **218 kcal/pers.**

150 g de pois chiches • 3 oignons jaunes • 15 g de gingembre frais • 1 gousse d'ail • 2 cuil. à soupe d'huile d'olive • 250 g de tomates pelées • quelques graines de cardamome • 8 clous de girofle • 2 feuilles de laurier • quelques grains de poivre • 1 cuil. à soupe de graines de cumin • 1 cuil. à soupe de graines de coriandre • 1 cuil. à soupe de curcuma

Réalisation

Lavez les pois chiches à l'eau froide et laissez-les tremper 12 heures à température ambiante en prenant soin de les recouvrir complètement.

Égouttez-les, placez-les dans une casserole à fond épais ; recouvrez-les d'eau, ajoutez le sel, la cardamome, les clous de girofle, les feuilles de laurier, les grains de poivre et le cumin. Faites bouillir, réduisez le feu et laissez mijoter pendant 50 minutes environ.

Égouttez et réservez le bouillon de cuisson. Épluchez et émincez les oignons et l'ail. Faites chauffer l'huile dans une poêle et faites-y dorer les oignons. Ajoutez le gingembre râpé et l'ail et poursuivez la cuisson pendant 10 minutes environ.

Incorporez le curcuma, la coriandre, les grains de poivre et les tomates pelées. Ajoutez les pois chiches ; recouvrez d'eau et laissez mijoter pendant 20 à 25 minutes. Égouttez et servez chaud dans un plat de service.

ENDIVES BRAISÉES

4 pers. Préparation : 25 min – Cuisson : 1 h **107 kcal/pers.**

4 endives • 6 oignons nouveaux • 1 jus de citron • 4 belles tranches de jambon découenné • 1 cuil. à café d'huile d'olive • sel, poivre, cumin en grains

Réalisation

Lavez et parez les endives, passez-les à la cuisson vapeur pendant 5 minutes. Lavez et émincez les oignons. Faites-les revenir dans une cocotte à feu doux avec l'huile d'olive. Ajoutez les endives entières, salez, poivrez, ajoutez du cumin et le jus du citron puis couvrez.

Laissez cuire 1 heure à feu doux en évitant de soulever le couvercle. À mi-cuisson, tournez-les, ajoutez le jambon en lanières, recouvrez et laissez cuire le temps restant. Dressez.

Conseil : *l'endive est l'amie des régimes… elle fait partie des légumes les moins caloriques, très riche en fibres et légèrement diurétique, elle est un atout pour les ventres plats.*

FENOUIL AU VIN BLANC

4 pers. Préparation : 15 min – Cuisson : 45 min **59 kcal/pers.**

800 g de fenouils • 70 g de concentré de tomates • 20 cl de vin blanc sec • 2 gousses d'ail • 1 cuil. à soupe d'huile d'olive • 15 cl de bouillon de volaille • 2 cuil. à café graines de coriandre • sel, poivre

Réalisation

Lavez et parez les fenouils, retirez les parties abîmées si nécessaire, coupez-les en quatre. Déposez-les dans un faitout, ajoutez le concentré de tomates, l'huile d'olive, l'ail écrasé, le vin blanc, la coriandre et le bouillon de volaille.

Salez, poivrez, couvrez et laissez mijoter 45 minutes à feu doux. Dressez dans un plat et servez.

Conseil : *si vous n'appréciez pas le fenouil, vous pouvez le remplacer pas des blancs de poireau ou des endives.*

FLAN AUX LÉGUMES

4 pers. Préparation : 20 min – Cuisson : 50 min **154 kcal/pers.**

150 g de carottes • 100 g de petits pois • 150 g de haricots verts • 100 g de poivron rouge • 100 g d'oignon doux •10 cl de vin blanc sec • 4 œufs • 200 g de fromage blanc à 0 % de MG • 10 cl de lait demi-écrémé • 1 bouquet d'aneth • 1 bouquet garni • sel, poivre

Réalisation

Préchauffez votre four à 180 °C (th. 6). Lavez et parez les légumes, coupez-les en petits morceaux. Faites-les cuire dans une casserole d'eau bouillante avec le bouquet garni et le vin blanc pendant 15 à 20 minutes. Égouttez-les et disposez-les dans un plat à gratin.

Battez les œufs avec le fromage blanc et le lait, salez, poivrez et ajoutez l'aneth ciselé. Versez le mélange sur les légumes et placez le plat au four pour 30 minutes. Servez chaud ou froid.

FONDUE DE COURGETTES AU CHÈVRE FRAIS

4 pers. Préparation : 15 min – Cuisson : 15 min **88 kcal/pers.**

800 g de courgettes • 200 g de chèvre frais • quelques feuilles de menthe ciselée • 1 cuil. à soupe d'huile d'olive • 1 cuil. à café de baies roses • sel, poivre

Réalisation

Lavez les courgettes et coupez-les en petits cubes. Faites-les revenir avec l'huile d'olive et les baies roses à feu doux pendant 15 à 20 minutes. Dès qu'elles sont fondantes, arrêtez votre feu, ajoutez la menthe ciselée.

Mélangez et parsemez de chèvre frais coupé en petits cubes. Servez aussitôt ou laissez refroidir pour le déguster frais

FONDUE DE PETITS LÉGUMES À LA CORIANDRE

4 pers. Préparation : 30 min – Cuisson : 10 min **160 kcal/pers.**

2 courgettes • 2 aubergines moyennes • 1 poivron rouge • 1 poivron vert • 2 belles tomates • 2 oignons • 2 gousses d'ail • 15 cl de vin blanc • 2 cuil. à soupe d'huile d'olive • quelques grains de coriandre • sel, poivre du moulin

Réalisation

Pelez et émincez les oignons et l'ail. Pelez les tomates, épépinez-les et coupez-les en petits dés. Détaillez les courgettes et les aubergines sans les peler. Pelez les poivrons, ôtez le pédoncule, égrainez-les et détaillez-les en lanières.

Dans la cocotte, faites chauffer l'huile et jetez-y les légumes. Salez, poivrez et ajoutez la coriandre. Mouillez avec le vin blanc et fermez la cocotte.

Comptez 10 minutes de cuisson à partir du moment où la soupape chuchote. Servez aussitôt.

FRICASSÉE DE PLEUROTES AU THYM

4 pers. Préparation : 15 min – Cuisson : 10 min **43 kcal/pers.**

400 g de pleurotes • 1 cuil. à soupe de crème fraîche à 5 % de MG • 1 échalote grise • 1 cuil. à café d'huile d'olive • 1 branche de thym • 1 pincée de muscade en poudre • fleur de sel, poivre noir concassé

Réalisation

Nettoyez délicatement les pleurotes. Grattez-les avec la pointe d'un couteau si nécessaire (lorsque les pieds sont terreux). Pelez et hachez l'échalote.

Faites chauffer l'huile dans une sauteuse et faites-y revenir les champignons avec le hachis d'échalote pendant 5 minutes à feu vif. Salez, poivrez et muscadez. Réduisez le feu et versez la crème. Prolongez la cuisson de quelques minutes supplémentaires, à découvert. Lavez et ciselez le thym. Ajoutez-le à la fricassée de pleurotes.

Répartissez dans des verrines individuelles et servez aussitôt.

GALETTES DE COURGETTES AUX POIVRONS

4 pers. Préparation : 20 min – Cuisson : 20 min **134 kcal/pers.**

400 g de courgettes • 100 g de poivron rouge • 100 g de poivron jaune • 4 œufs • 200 g de fromage blanc à 0 % de MG • quelques brins d'estragon • origan • 1 cuil. à café d'huile d'olive • sel, poivre

Réalisation

Préchauffez votre four à 210 °C (th. 7). Lavez, épluchez et coupez les courgettes en petits cubes (de 1 cm de côté). Lavez les poivrons, coupez les pédoncules et retirez les pépins, coupez-les en petits dés.

Dans une poêle à revêtement antiadhésif, faites fondre à feu très doux les courgettes et les poivrons en remuant régulièrement pendant 10 minutes. Essuyez-les dans du papier absorbant.

Battez les œufs avec le fromage blanc, ajoutez l'estragon, l'origan, salez et poivrez. Mélangez les légumes avec les œufs battus et versez la préparation dans huit ramequins garnis d'un cercle de papier sulfurisé. Faites cuire les ramequins au four pendant 10 minutes.

Dès que les œufs ont pris, démoulez-les puis faites-les revenir 2 minutes de chaque côté dans une poêle avec l'huile d'olive. Servez immédiatement.

GÂTEAU DE COURGETTES AUX HERBES

4 pers. Préparation : 30 min – Attente : 1 h – Cuisson : 1 h 15 **182 kcal/pers.**

6 petites courgettes • 2 tomates moyennes • 1 gousse d'ail • 3 œufs moyens • 4 cuil. à soupe de crème fraîche allégée • 2 yaourts nature • ½ citron • 1 cuil. à soupe de Maïzena • 1 cuil. à soupe d'huile d'olive • 1 bouquet d'herbes aromatiques fraîches (ciboulette, persil, estragon…) • gros sel, poivre du moulin

Réalisation

Préchauffez le four à 180 °C (th. 6). Préparez les légumes : lavez les courgettes, coupez les extrémités puis râpez-les. Saupoudrez-les de gros sel et faites-les dégorger 1 heure. Égouttez-les et épongez-les soigneusement dans du papier absorbant. Pelez et épépinez les tomates puis coupez-les en rondelles, rangez-les sur le fond du moule tapissé de papier sulfurisé.

Dans une casserole, faites chauffer l'huile, ajoutez-y l'ail écrasé au presse-ail et les courgettes. Faites cuire à couvert pendant 10 minutes. Assaisonnez. Lavez les herbes fraîches, retirez-en les tiges et hachez les feuilles. Versez la moitié des herbes sur les courgettes. Battez les œufs, la Maïzena et la moitié de la crème fraîche dans un bol, ajoutez aux courgettes, mélangez et rectifiez l'assaisonnement si nécessaire. Versez sur les tomates et faites cuire au four, au bain-marie, pendant 1 heure environ. Laissez refroidir et démoulez le gâteau de légumes.

Préparez la sauce : dans une jatte, mélangez le jus du citron, les yaourts, le reste de crème, le hachis d'herbes, du sel, du poivre et placez au réfrigérateur. Au moment de servir, tranchez le gâteau et nappez de sauce aux herbes.

GRATIN DE CHICONS AU JAMBON DE PAYS ET AUX NOIX

4 pers. Préparation : 10 min – Cuisson : 30 min **204 kcal/pers.**

8 endives Perles du Nord • 2 tranches de jambon cru de montagne • 4 cuil. à soupe de cerneaux de noix • ¼ de citron • 20 g de beurre • 1 tablette de bouillon de bœuf dégraissé • noix de muscade râpée • 4 cuil. à soupe de gruyère râpé allégé • sel fin, poivre noir du moulin

Réalisation

Parez les endives : retirez les feuilles flétries, coupez-en les extrémités et le centre du pied en creusant un cône à l'intérieur. Dans une cocotte, faites fondre le beurre et placez-y les endives, poivrez et saupoudrez de muscade. Émiettez le cube de bouillon de bœuf, versez 30 cl d'eau chaude et amenez doucement à ébullition. Réduisez le feu, couvrez et laissez étuver pendant 20 minutes environ.

Préchauffez le four à 210 °C (th. 7). Détaillez le jambon de pays en fines lanières. Égouttez les endives et disposez-les dans un plat allant au four. Citronnez-les modérément. Répartissez dessus les lanières de jambon ainsi que les cerneaux de noix préalablement concassés. Finissez par le gruyère râpé et enfournez juste le temps de gratiner votre préparation.

GRATIN DE COURGETTES ET TOMATES

4 pers. Préparation : 15 min – Cuisson : 30 min **157 kcal/pers.**

600 g de courgettes • 200 g de tomates moyennes • 60 g de gruyère râpé • 2 œufs • 200 g de fromage blanc à 0 % de MG • 10 cl de lait demi-écrémé • quelques feuilles de basilic ciselées • sel

Réalisation

Préchauffez votre four à 200 °C (th. 6/7). Lavez et coupez les courgettes et les tomates en fines rondelles. Disposez-les en trois lignes côte à côte dans un plat à gratin. Recouvrez de gruyère râpé et parsemez-les de basilic.

Préparez l'appareil à flan en battant les œufs avec le fromage blanc et le lait. Salez et versez cette préparation dans le plat et enfournez. Laissez cuire 30 minutes environ.

HARICOTS VERTS AUX GRAINES DE SÉSAME

4 pers. Préparation : 15 min – Cuisson : 10 min **71 kcal/pers.**

400 g de haricots verts frais • 2 cuil. à soupe de sauce de soja • 2 cuil. à soupe d'huile de sésame • 1 cuil. à soupe de graines de sésame

Réalisation

Effilez les haricots verts en brisant les extrémités. Faites-les cuire à la vapeur pendant 10 minutes environ. Passez-les sous l'eau froide puis égouttez-les et réservez-les au frais.

Dans une jatte, mélangez l'huile de sésame, les graines de sésame et la sauce de soja. Versez sur les haricots et servez aussitôt.

LASAGNES AUX LÉGUMES

4 pers. Préparation : 25 min – Cuisson : 40 min **357 kcal/pers.**

12 feuilles de lasagnes • 400 g de courgettes • 400 g de tomates concassées • 70 g de concentré de tomates • 2 gousses d'ail • 100 g d'oignon doux • 2 cuil. à soupe de vinaigre balsamique • 1 cuil. à soupe d'huile d'olive • 80 g de gruyère râpé • basilic • sel, poivre

Réalisation

Préchauffez votre four à 180 °C (th. 6). Lavez les courgettes, retirez les pédoncules et coupez-les en fines rondelles. Dans une poêle, faites revenir l'oignon émincé avec l'huile d'olive, ajoutez les courgettes, puis les tomates concassées, le concentré et l'ail écrasé.

Versez le vinaigre balsamique, un peu de basilic ciselé, salez, poivrez et laissez mijoter 10 minutes. Dans un plat à gratin, superposez une couche de légumes puis une couche de feuilles de lasagnes, recommencez puis terminez par une couche de légumes. Parsemez de gruyère râpé et laissez cuire au four pendant 20 à 30 minutes. Servez.

LÉGUMES À L'ITALIENNE

4 pers. Préparation : 10 min – Cuisson : 35 min **126 kcal/pers.**

2 poivrons verts • 2 poivrons rouges • 1 poivron jaune • 500 g de tomates grappe • 2 oignons doux • 2 cuil. à soupe d'huile d'olive • 1 cuil. à soupe de vinaigre balsamique • 20 cl de vin blanc sec • quelques branches d'estragon • sel, poivre

Réalisation

Épluchez et ciselez les oignons. Lavez, coupez les poivrons en deux et retirez les pépins. Coupez-les en fines lamelles. Faites revenir dans un faitout les poivrons et les oignons avec l'huile d'olive pendant 10 à 15 minutes en remuant régulièrement.

Lavez et coupez les tomates en quartiers fins et ajoutez-les dans le faitout. Salez, poivrez, versez le vin et le vinaigre balsamique et ajoutez l'estragon ciselé. Couvrez et laissez mijoter à feu doux pendant 20 minutes. Servez chaud ou froid.

Conseil : *n'hésitez pas à varier ou à mélanger les herbes aromatiques et les épices. Variez ainsi vos plats de légumes et de viandes. Et pensez toujours que d'être au régime ne veut pas dire bannir le goût ! Au contraire, plus vos plats auront du goût, moins vous vous sentirez privé ! Alors arrêtez les légumes à la vapeur sans goût et cuisinez-les !*

LÉGUMES À LA MAROCAINE

4 pers. Préparation : 20 min – Cuisson : 30 min ***101 kcal/pers.***

300 g de courgettes • 200 g de carottes jeunes • 100 g de céleri (tige) • 200 g de navets • 3 cuil. à soupe de raisins de Corinthe • 1 cuil. à soupe d'huile d'olive • 1 cuil. à café de graines de coriandre • sel, poivre

Réalisation

Lavez et épluchez les carottes et les navets. Coupez-les en petits cubes. Lavez le céleri et taillez-le en tronçons. Lavez et coupez les courgettes en rondelles.

Faites cuire les légumes tous ensemble à la vapeur pendant 10 minutes (ou faites-les blanchir dans de l'eau bouillante, sans les courgettes, pendant 5 minutes). Passez-les dans une poêle à revêtement antiadhésif avec l'huile d'olive, ajoutez les raisins, la coriandre, salez et poivrez. Couvrez et laissez mijoter pendant 20 minutes à feu doux.

Conseil : *pensez à accompagner ces légumes de quelques morceaux de poulet et d'un peu de semoule. Un plat complet, équilibré et qui plaira à tout le monde.*

PANACHÉ DE LÉGUMES AU SAFRAN

4 pers. Préparation : 25 min – Cuisson : 30 min ***86 kcal/pers.***

600 g de légumes variés • 1 cuil. à soupe d'huile d'olive • 1 oignon • 20 cl de bouillon de volaille dégraissé • 2 cuil. à soupe de crème fraîche à 15 ou 8 % de MG • 1 pincée de safran en poudre • 1 bouquet garni

Réalisation

Épluchez et hachez l'oignon. Épluchez les légumes et coupez-les en julienne.

Faites dorer l'oignon haché dans l'huile bien chaude. Ajoutez-y les légumes coupés en julienne, le bouquet garni et le safran et mouillez avec le bouillon. Placez le tout dans le bol inférieur du cuit-vapeur et laissez cuire 20 à 30 minutes selon les légumes.

Égouttez-les et réservez-les au chaud. Au moment de servir, liez les légumes avec la crème fraîche et rectifiez l'assaisonnement si nécessaire.

PARMENTIER DE CHAMPIGNONS

4 pers. Préparation : 30 min – Cuisson : 45 min ***167 kcal/pers.***

500 g de champignons mélangés • 4 belles pommes de terre • 20 g de beurre allégé • 15 cl de lait écrémé • 1 cuil. à soupe de crème épaisse allégée à 5 % de MG • 2 cuil. à soupe de chapelure • sel fin, poivre noir du moulin

Réalisation

Pelez et détaillez les pommes de terre en morceaux. Plongez-les dans l'eau bouillante légèrement salée et faites-les cuire pendant 20 minutes environ.

Parez les champignons, coupez les pieds, grattez-les avec la pointe d'un couteau et détaillez-les sans les laver. Faites fondre le beurre et faites-y suer les champignons pendant 5 à 7 minutes. Salez et poivrez. Égouttez les pommes de terre et réduisez-les en purée. Intégrez le lait et la crème. Assaisonnez.

Disposez ce hachis de champignons dans un plat allant au four et recouvrez de purée. Saupoudrez de chapelure puis placez sous le gril du four juste le temps de faire gratiner votre parmentier. Servez dès la sortie du four.

PAUPIETTES DE CHOU À LA FONDUE DE TOMATES

4 pers. Préparation : 20 min – Cuisson : 35 min ***104 kcal/pers.***

4 feuilles de chou vert • 2 steaks hachés à 5 % de MG • 200 g de tomates pelées • 1 cuil. à soupe d'huile d'olive • 1 gousse d'ail • 2 échalotes • sel, poivre du moulin

Réalisation

Nettoyez les feuilles de chou sous l'eau courante. Placez-les dans le bol inférieur de votre cuit-vapeur et faites-les cuire pendant 5 minutes. Rafraîchissez-les et réservez. Dans une sauteuse, faites cuire les steaks sans adjonction de matières grasses, à couvert. Salez et poivrez.

Mixez la viande. Étalez les feuilles de chou et garnissez-les de viande de bœuf hachée. Enveloppez la farce avec les feuilles de chou. Disposez les paupiettes ainsi obtenues dans le panier de votre autocuiseur et laissez cuire 20 minutes à la vapeur.

Dans une casserole, chauffez l'huile, ajoutez-y les échalotes et l'ail hachés, réduisez le feu et laissez-les roussir. Ajoutez les tomates grossièrement coupées et assaisonnez. Laissez mijoter à couvert pendant 10 minutes. Servez les paupiettes accompagnées de la fondue de tomates.

PETITS FLANS À LA TOMATE

4 pers. Préparation : 10 min – Cuisson : 15 min **101 kcal/pers.**

1 œuf entier +1 jaune • 12cl de lait écrémé • 4 cuil. à soupe de crème liquide légère • 2 cuil. à soupe de Maïzena • 200 g de tomates • sel, poivre du moulin

Réalisation

Dans une jatte, mélangez les œufs au lait et à la crème. Ajoutez la Maïzena, salez et poivrez. Incisez les tomates en forme de croix et plongez-les dans de l'eau bouillante légèrement salée. Pelez et égrainez-les. Passez la chair au mixeur et incorporez-la au mélange œuf-crème.

Versez la préparation dans des petits ramequins et placez-les dans le bol inférieur de votre cuit-vapeur. Couvrez-les d'un film ou de papier sulfurisé et faites-les cuire à la vapeur pendant 15 minutes environ. Laissez refroidir les flans quelques minutes avant de les démouler.

PETITS FLANS AUX COURGETTES

4 pers. Préparation : 20 min – Cuisson : 20 min *173 kcal/pers.*

250 g de courgettes • 3 oignons nouveaux • 1 cuil. à café d'huile d'olive • quelques brins d'aneth • 3 œufs • 200 g de fromage blanc • 1 cuil. à soupe de crème à 15 % de MG • 15 cl de lait • 1 noix de beurre pour les moules • sel, poivre

Réalisation

Préchauffez votre four à 180 °C (th. 6). Lavez et retirez les pédoncules des courgettes, coupez-les en petits cubes, faites les blanchir 5 minutes dans de l'eau bouillante salée. Égouttez-les. Lavez et hachez les oignons nouveaux, faites-les dorer légèrement dans une poêle avec l'huile d'olive. Mélangez les dés de courgette, les oignons et l'aneth. Préparez l'appareil en battant les œufs entiers avec le fromage blanc, la crème et le lait. Salez et poivrez.

Dans des ramequins individuels légèrement beurrés, déposez un rond de papier sulfurisé. Versez sur chacun d'eux un peu de l'appareil à flan, ajoutez le mélange courgettes-oignons, et terminez de remplir avec le reste de l'appareil.

Enfournez les flans et laissez-les cuire pendant 20 minutes (la pointe d'un couteau enfoncée dans le flan doit ressortir sèche). Servez chaud ou tiède.

POÊLÉE D'ARTICHAUTS AU PISTOU

4 pers. Préparation : 30 min – Cuisson : 1 h **160 kcal/pers.**

4 artichauts bretons • 600 g de pois gourmands • ½ citron • 1 cœur de laitue • 2 cuil. à soupe d'huile d'olive • quelques branches de basilic • sel, poivre du moulin

Réalisation

Débarrassez les artichauts de leurs feuilles et enlevez le foin à l'aide d'une cuillère. Citronnez les fonds d'artichaut. Taillez-les en petits dés. Nettoyez le cœur de laitue et détaillez-le en lanières.

Faites chauffer l'huile dans une cocotte et plongez-y les fonds. Faites sauter sur feu vif pendant 15 minutes environ. Ajoutez les pois et les lanières de laitue et prolongez la cuisson à couvert pendant 45 minutes environ, sans rajouter de liquide. Assaisonnez à votre convenance.

Ciselez le basilic au dernier moment pour en préserver le maximum de saveur et parsemez sur la poêlée de légumes.

POÊLÉE DE LÉGUMES, SAUCE CURRY

4 pers. Préparation : 15 min – Cuisson : 25 min **122 kcal/pers.**

2 aubergines • 4 petites tomates • 1 poivron vert • 2 gousses d'ail • 1 oignon • 2 cuil. à soupe de crème fraîche à 15 % de MG • 2 cuil. à soupe d'huile d'olive • ½ citron • curry en poudre • sel, poivre du moulin

Réalisation

Préchauffez le four à 180 °C (th. 6). Lavez les aubergines et coupez-les en tranches fines dans le sens de la longueur. Faites-les revenir dans une cuillerée d'huile bien chaude. Déposez-les sur du papier absorbant pour éliminer l'excédent de graisse. Pelez et hachez l'oignon et l'ail. Pelez les tomates et coupez-les en rondelles. Nettoyez le poivron, enlevez le pédoncule et les graines puis coupez-le en lanières.

Dans un plat allant au four huilé, disposez les aubergines, les tomates et le poivron en couches successives. Entre chaque couche, assaisonnez les légumes et disposez l'oignon et l'ail hachés.

Préparez la sauce : battez la crème fraîche avec le jus du citron, saupoudrez de curry, salez et poivrez. Versez sur les légumes et placez au four pendant 20 minutes environ. Servez dès la sortie du four.

POÊLÉE DE LÉGUMES AU GINGEMBRE

4 pers. Préparation : 20 min – Cuisson : 30 min – Réhydratation : 30 min

125 kcal/pers.

8 gros champignons chinois séchés • gingembre frais • 1 tête de brocoli • 1 oignon rouge ou jaune • 1 chou chinois • 200 g d'épinards frais • 25 cl de bouillon de volaille dégraissé • 2 cuil. à soupe de Maïzena • 2 cuil. à soupe de sauce de soja • Tabasco • 2 cuil. à soupe d'amandes grillées

Réalisation

Réhydratez les champignons séchés dans un bol d'eau chaude pendant 30 minutes. Égouttez-les, émincez-les et réservez. Pelez les carottes et émincez le chou et les feuilles d'épinards. Épluchez et émincez grossièrement l'oignon. Séparez le brocoli en bouquets et disposez-les dans le bol inférieur de votre cuit-vapeur. Ajoutez-y l'émincé d'oignon et le gingembre frais. Faites cuire à la vapeur pendant 20 à 30 minutes.

À quelques minutes d'intervalle, ajoutez les fèves et les carottes, puis le chou chinois et les champignons et terminez par les épinards. Dans un bol, mélangez le bouillon, la Maïzena, la sauce de soja et le Tabasco. Portez à ébullition et remuez jusqu'à épaississement. Versez les légumes croquants dans un plat de service, nappez de sauce et décorez avec les amandes grillées. Servez aussitôt.

POIVRONS GRILLÉS

4 pers. Préparation : 15 min – Cuisson : 1 h 10 **112 kcal/pers.**

3 gros poivrons rouges • 1 oignon jaune • 2 gousses d'ail • 500 g de tomates pelées • 2 cuil. à soupe d'huile d'olive extra vierge • 2 cuil. à soupe de vinaigre de vin • 1 cuil. à soupe de sucre semoule • sel fin, poivre noir du moulin

Réalisation

Lavez les poivrons, coupez-les en deux, épépinez-les et ôtez les parties blanches. Faites chauffer le four à 180 °C (th. 6). Déposez-les sur la plaque du four côté peau et laissez-les griller pendant 40 minutes.

Couvrez-les d'un papier d'aluminium afin de les faire transpirer et pouvoir ainsi les peler plus facilement. Pelez-les et détaillez-les en lanières. Pelez et émincez l'oignon et l'ail.

Dans un mortier, pilez les tomates avec l'émincé d'oignon et d'ail. Faites chauffer l'huile dans une poêle et laissez-y revenir les lanières de poivron. Ajoutez les tomates, le vinaigre et le sucre semoule. Baissez le feu et laissez confire pendant 30 minutes. Servez chaud ou froid.

POMMES DE TERRE EXPRESS AU FOUR

4 pers. Préparation : 10 min – Cuisson : 10 min **115 kcal/pers.**

4 pommes de terre Charlotte • 2 cuil. à soupe d'huile d'olive extra vierge • 1 branche de thym • fleur de sel, poivre noir du moulin

Réalisation

Lavez et séchez les pommes de terre, coupez-les en deux dans le sens de la longueur. Disposez-les dans un plat adapté au micro-ondes. Nappez-les d'un filet d'huile, saupoudrez-les de thym émietté, de sel et de poivre. Couvrez les pommes de terre d'un film alimentaire et laissez-les cuire pendant 6 minutes.

Servez avec une coupelle de fromage blanc salé persillé.

POMMES DE TERRE PRIMEUR À LA CRÈME DE CIBOULETTE

4 pers. Préparation : 10 min – Cuisson : 15 min **140 ou 147 kcal/pers.**

600 g de pommes de terre primeur • 4 cuil. à soupe de crème fraîche épaisse à 8 ou 15 % de MG • quelques brins de ciboulette • 1 botte de cresson • 1 échalote • sel, poivre noir moulu

Réalisation

Épluchez le cresson, lavez-le, essorez-le et réservez quelques feuilles pour la décoration ; hachez-le finement. Épluchez et hachez l'échalote, ciselez la ciboulette. Grattez la peau des pommes de terre, rincez-les à l'eau courante et faites-les cuire à l'autocuiseur pendant 15 minutes à partir de la rotation de la soupape.

Laissez-les refroidir puis coupez-les en deux. Évidez le centre des pommes de terre en réalisant un trou d'environ 3 cm de diamètre. Dans une jatte, mélangez la crème, l'échalote, la ciboulette et le cresson. Assaisonnez.

Répartissez la farce dans les pommes de terre et servez sur les assiettes, décorées de quelques feuilles de cresson.

RISOTTO AUX CHAMPIGNONS

4 pers. Préparation : 20 min – Cuisson : 1 h **230 kcal/pers.**

200 g de riz long • 1 échalote grise • 200 g de champignons variés (Paris, girolles...) • 70 cl de bouillon de volaille dégraissé • 10 g de beurre allégé • 30 g de parmesan • sel fin, poivre noir concassé

Réalisation

Parez les champignons. Grattez-les sans les laver, coupez l'extrémité des pieds et détaillez-les grossièrement. Pelez et émincez l'échalote.

Dans une poêle à revêtement antiadhésif, faites fondre le beurre sans le laisser noircir et faites-y revenir le hachis d'échalote et les champignons détaillés. Laissez colorer quelques minutes. Salez et poivrez à votre convenance. Déglacez avec le bouillon, jetez-y le riz et laissez cuire le tout à feu doux pendant 1 heure environ.

Au terme de la cuisson, le riz doit avoir absorbé l'intégralité du liquide de cuisson. Râpez quelques copeaux de parmesan et parsemez-les sur le risotto. Servez aussitôt.

RIZ SAFRANÉ AUX LÉGUMES VARIÉS

4 pers. Préparation : 15 min – Cuisson : 30 min **344 kcal/pers.**

200 g de riz basmati ou de riz blanc parfumé • safran en poudre • 50 cl de bouillon de volaille dégraissé • 250 g de champignons frais • 1 gousse d'ail hachée • 2 échalotes • 1 petite courgette • 1 poivron rouge • 200 g de petits pois surgelés • persil frais • sel, poivre moulu

Réalisation

Épluchez les légumes et détaillez-les en morceaux. Pelez et hachez l'ail et les échalotes. Pelez le poivron, ôtez le pédoncule et égrainez-le. Placez le riz dans le bol à riz de votre cuit-vapeur et saupoudrez-le de safran.

Disposez le bol dans le récipient inférieur de votre cuit-vapeur ainsi que la julienne de légumes. Versez le bouillon dans le réservoir d'eau du cuit-vapeur et faites cuire à la vapeur pendant 30 minutes environ. Mélangez tous les ingrédients et servez aussitôt.

ROULADES DE POIREAUX

4 pers. Préparation : 20 min – Cuisson : 25 min **199 kcal/pers.**

8 poireaux • 8 tranches de jambon blanc découenné • 100 g de gruyère râpé • 50 cl de lait demi-écrémé • 40 g de Maïzena • 2 noix de beurre allégé à 40 % de MG • muscade • sel, poivre

Réalisation

Coupez les poireaux pour ne garder que les blancs, faites-les blanchir à l'eau bouillante pendant 10 minutes. Égouttez-les, coupez-les en deux puis enroulez chaque morceau avec une tranche de jambon. Réservez les roulades dans un plat à gratin. Préchauffez le four à 180 °C (th. 6).

Préparez la sauce béchamel : délayez la Maïzena avec un peu de lait, versez-la dans une casserole avec le lait et laissez chauffer jusqu'au premier bouillon (la sauce épaissit), éteignez votre feu puis ajoutez le beurre. Salez, poivrez, saupoudrez de muscade et versez la sauce sur les roulades, parsemez de gruyère et faites cuire au four pendant 20 minutes.

***Conseil :** ne jetez surtout pas les verts de poireau, conservez-les pour compléter la préparation d'une soupe de légumes, d'une quiche aux légumes ou d'un plat de poisson (idéal pour les papillotes). Ils sont riches en vitamines et minéraux, en fibres, facilitent l'élimination rénale et ont un effet diurétique indéniable.*

SAUTÉ FRAÎCHEUR ROUGE, VERTE ET JAUNE

4 pers. Préparation : 10 min – Cuisson : 20 min **51 kcal/pers.**

400 g de tomates olivettes • 200 g de tomates cerise jaunes • 200 g de haricots verts • 2 oignons nouveaux • 1 citron • quelques brins de basilic frais • sel, poivre

Réalisation

Faites cuire les haricots verts à l'eau bouillante pendant 10 minutes. Égouttez-les. Lavez les tomates, coupez les olivettes en cubes et retirez les pépins, coupez les tomates cerise en deux. Lavez et coupez finement les oignons.

Faites cuire à feu doux les tomates, ajoutez les oignons, le jus du citron puis les haricots verts. Ciselez dessus le basilic, salez, poivrez et présentez dans un plat de service.

TERRINE DE LÉGUMES AU BASILIC

4 pers. Préparation : 15 min – Cuisson : 40 min **178 kcal/pers.**

400 g de macédoine de légumes surgelée • 4 tranches de jambon blanc • 10 cl de crème liquide légère • 2 œufs • 1 cuil. à soupe de basilic haché • 10 g de beurre • sel, poivre du moulin

Réalisation

Placez la macédoine surgelée dans le bol inférieur de votre cuit-vapeur et laissez cuire pendant 10 minutes environ. Égouttez et réservez les légumes. Passez le jambon avec la crème et les œufs au mixeur et assaisonnez à votre convenance. Mélangez la macédoine avec le hachis et le basilic.

Versez la préparation dans un moule préalablement beurré ou tapissé de papier sulfurisé. Couvrez d'un film alimentaire et faites cuire 30 minutes dans le bol vapeur.

Démoulez et servez la terrine avec un coulis de tomate au basilic.

TIAN AUX LÉGUMES DU SOLEIL

4 pers. Préparation : 25 min – Cuisson : 1 h 40 ***124 kcal/pers.***

3 oignons blancs • 1 poivron rouge • 1 poivron jaune • 2 courgettes • 4 tomates olivettes • 200 g de tomates confites à l'huile d'olive • 1 cuil. à café de coriandre ciselée • 1 cuil. à café de basilic ciselé • 1 pincée de sel

Réalisation

Épluchez les oignons, ciselez-les. Faites-les revenir à feu doux avec l'huile d'olive des tomates (une cuillerée à soupe) pendant 10 minutes. Lavez les poivrons, épépinez-les et coupez-les en lamelles. Lavez puis coupez les tomates et les courgettes en fines lamelles. Préchauffez le four à 140 °C (th. 4-5).

Dans un plat rond allant au four, déposez la fondue d'oignons, recouvrez-la avec les poivrons puis des tomates confites. Déposez en rosace les rondelles de courgette et de tomate. Saupoudrez avec le basilic et la coriandre, salez puis versez deux cuillerées à soupe de l'huile des tomates confites.

Placez au four pendant pour 1 heure 30 minutes en arrosant régulièrement avec le jus de cuisson.

***Conseil :** voici un plat qui se déguste aussi bien chaud que froid, un plein de saveurs pour accompagner grillades de viandes ou de poissons.*

TIMBALE D'AUBERGINE À LA PROVENÇALE

4 pers. Préparation : 15 min – Cuisson : 40 min ***224 kcal/pers.***

1 petite aubergine • 1 œuf + 1 blanc • 1 cuil. à soupe de crème fraîche légère à 8 % de MG • 1 cuil. à café d'huile d'olive • 1 tomate • 1 oignon • 1 gousse d'ail • feuilles de basilic frais • origan • sel, poivre du moulin

Réalisation

Épluchez l'aubergine et coupez-la en morceaux. Faites-la cuire 20 minutes à la vapeur puis mixez la chair.

Dans une poêle, faites revenir l'oignon et l'ail dans l'huile d'olive et jetez-y la purée d'aubergine. Ajoutez ensuite la crème et les œufs battus. Versez la préparation dans un ramequin, recouvrez de film alimentaire et faites cuire 20 minutes dans le bol inférieur du cuit-vapeur.

Pendant ce temps, ébouillantez la tomate préalablement entaillée pour en détacher la peau. Épépinez-la et passez-la au mixeur. Salez, poivrez et ajoutez de l'origan. Démoulez la timbale et entourez de coulis de tomate. Parsemez d'herbes et servez.

TOMATES À LA PROVENÇALE

4 pers. Préparation : 10 min – Cuisson : 15 min **75 kcal/pers.**

6 tomates olive • 2 gousses d'ail • 2 cuil. à soupe d'huile d'olive • 2 cuil. à café de basilic ciselé • 20 g de chapelure

Réalisation

Préchauffez votre four à 180 °C (th. 6). Lavez et coupez les tomates olive en deux dans la longueur. Mélangez l'ail écrasé avec le basilic et la chapelure.

Répartissez ce mélange sur les demi-tomates et versez un peu d'huile d'olive sur chaque tomate. Placez au four chaud pour 15 minutes. Servez.

WOK DE COURGETTES ET CAROTTES

4 pers. Préparation : 15 min – Cuisson : 10 à 15 **76 kcal/pers.**

400 g de courgettes • 300 g de carottes jeunes • 6 oignons nouveaux • 1 gousse d'ail • estragon ciselé • 1 cuil. à soupe d'huile d'olive • sel, poivre

Réalisation

Lavez et coupez les courgettes (sans les éplucher) en très petits dés. Lavez et coupez finement les oignons. Épluchez et taillez les carottes en fines lanières à l'aide d'un couteau économe.

Dans un wok (ou une poêle creuse), faites revenir les oignons avec l'huile, ajoutez les courgettes, les lanières de carotte, l'ail écrasé et l'estragon. Faites sauter à feu vif pendant 5 minutes. Baissez le feu, couvrez et poursuivez la cuisson 5 à 10 minutes, les légumes doivent rester légèrement croquants. Servez rapidement.

WOK DE HARICOTS VERTS AUX ASPERGES ET TOMATES CONFITES

4 pers. Préparation : 15 min – Cuisson : 25 min **73 kcal/pers.**

300 g de haricots verts • 200 g de pointes d'asperges vertes • 100 g de tomates confites • 1 cuil. à soupe d'huile d'olive • 1 cuil. à café de baies roses • sel, poivre

Réalisation

Équeutez les haricots verts, plongez-les dans une grande casserole d'eau bouillante salée et laissez-les cuire pendant 10 minutes. Égouttez les pointes d'asperges.

Dans un wok, faites revenir les haricots verts avec l'huile d'olive, les asperges et les tomates pendant 5 minutes. Salez, poivrez et ajoutez les baies roses.

Laissez cuire à feu moyen pendant 5 à 10 minutes en remuant délicatement pour ne pas casser les pointes d'asperges. Servez aussitôt.

Desserts et gourmandises sans culpabilité

ABRICOTS SECS À L'INFUSION DE JASMIN

4 pers. Préparation : 10 min – Cuisson : 10 min 192 kcal/pers.

400 g d'abricots secs • 4 cuil. à soupe de thé au jasmin • 2 sachets de sucre vanillé • 1 clou de girofle • 2 cuil. à soupe de pistaches • 1 bâton de cannelle

Réalisation

Faites infuser le thé dans 75 cl d'eau frémissante. Déposez les fruits secs dans une casserole, versez par-dessus le thé, le clou de girofle, la cannelle et le sucre vanillé. Portez à feu vif pendant 10 minutes environ.

Versez les fruits infusés avec le jus dans des verrines individuelles et saupoudrez de pistaches concassées. Laissez refroidir. Servez froid ou tiède.

ASSIETTES DE FIGUES AU VIN

4 pers. Préparation : 10 min – Cuisson : 10 min 129 kcal/pers.

8 figues • 75 cl de vin rouge corsé • 6 clous de girofle • 1 bâton de cannelle • 100 g d'édulcorant en poudre • 1 sachet de sucre vanillé • 1 gousse de vanille • quelques feuilles de menthe fraîche

Réalisation

Faites bouillir le vin avec les clous de girofle, la cannelle, l'édulcorant en poudre, le sucre vanillé et la gousse de vanille. Lavez les figues, coupez-les en quatre. Lorsque le vin a réduit de moitié, ajoutez les figues et laissez cuire quelques minutes en les arrosant souvent.

Disposez-les sur un plat de service. Faites réduire le vin jusqu'à obtention d'un sirop. Nappez les figues de sirop et ajoutez les épices de cuisson. Décorez de menthe ciselée. Servez très frais.

BAIES GRATINÉES

4 pers. Préparation : 20 min – Cuisson : 10 min ***163 kcal/pers.***

600 g de baies surgelées entières (mûres, groseilles, framboises, fraises des bois) • 2 œufs entiers + 2 jaunes • 40 g de sucre en poudre • 2 cuil. à café de vanille liquide

Réalisation

Faites décongeler les baies et égouttez-les. Dans une assiette creuse, mélangez les œufs, les jaunes d'œufs, le sucre et la vanille.

Préparez un bain-marie avec une casserole d'eau frémissante, posez l'assiette sur la casserole (elle ne doit pas toucher l'eau). Laissez cuire la préparation au bain-marie pendant 10 minutes. Le mélange doit être crémeux et former un ruban.

Répartissez les baies dans des coupelles allant au four, versez dessus la préparation aux œufs et faites dorer au gril quelques instants. Servez immédiatement.

BAVAROIS AUX FRAMBOISES

4 pers. Préparation : 30 min – Cuisson : 10 min – Réfrigération : 12 h

150 kcal/pers.

500 g de framboises • 2 cuil. à soupe de citron • 6 cuil. à soupe d'édulcorant en poudre • 4 feuilles de gélatine • 30 cl de crème fleurette allégée • quelques feuilles de menthe fraîche

Réalisation

Réservez quelques framboises pour la décoration. Lavez délicatement les fruits, essuyez-les dans du papier absorbant puis mixez-les à pleine puissance. Faites tremper les feuilles de gélatine dans une ou deux cuillerées d'eau froide.

Faites chauffer le jus de citron dans une petite casserole puis, hors du feu, incorporez-y les feuilles de gélatine ramollie et préalablement égouttées. Une fois le mélange bien homogène, intégrez-le à la purée de framboises. Laissez refroidir à température ambiante.

Montez la crème en chantilly puis incorporez-la au mélange précédent. Répartissez dans des verrines individuelles et placez au frais jusqu'au lendemain. Au moment de servir, décorez de quelques framboises et de feuilles de menthe entières.

BLANC-MANGER, VANILLE DES ÎLES

4 pers. Préparation : 30 min – Réfrigération : 2 à 3 h – Cuisson : 15 min *155 kcal/pers.*

100 g de fromage blanc à 0 % de MG • 50 cl de lait écrémé • 20 cl de crème fleurette allégée • 150 g de génoise (fond rond) • 4 cuil. à soupe d'édulcorant en poudre thermostable • 4 feuilles de gélatine alimentaire • 4 abricots rouges du Roussillon • 2 gousses de vanille Bourbon

Réalisation

Faites ramollir les feuilles de gélatine dans de l'eau froide. Fendez les gousses de vanille en deux dans le sens de la longueur et grattez-en les graines avec la pointe d'un couteau. Faites chauffer le lait dans une casserole avec une gousse de vanille. Portez à ébullition, arrêtez la cuisson, couvrez et laissez infuser quelques minutes.

Incorporez le lait aromatisé au fromage blanc puis sucrez avec deux cuillerées d'édulcorant. Égouttez la gélatine et faites-la fondre dans deux ou trois cuillerées d'eau chaude. Remuez jusqu'à sa dissolution complète. Versez-la sur le fromage blanc et mélangez. Fouettez la crème en chantilly et incorporez-la à la préparation précédente.

Réserver au frais. Dans une casserole, portez à ébullition 20 cl d'eau sucrée avec le reste d'édulcorant et plongez-y les abricots dénoyautés et coupés en deux et ajoutez la gousse de vanille restante. Laissez cuire pendant 15 à 20 minutes et vérifiez la cuisson des fruits avec la pointe d'un couteau. Les oreillons doivent pouvoir être transpercés sans difficulté.

Coupez quatre cercles de génoise à l'aide d'un verre retourné. Disposez dessus les oreillons tranchés en fines lamelles et recouvrez avec la préparation laitière.

Façonnez et lissez le blanc-manger à la spatule et placez au réfrigérateur pendant 2 à 3 heures avant de servir.

CALVADOS EN GRANITÉ

4 pers. Préparation : 15 min – Congélation : 6 h ***80 kcal/pers.***

4 pommes acides • 2 cuil. à soupe de calvados • 30 cl de jus de citron • 4 cuil. à soupe d'édulcorant en poudre

Réalisation

Épluchez les pommes, épépinez-les et débarrassez-les des parties ligneuses. Coupez-les grossièrement. Placez tous les ingrédients dans le bol du mixeur avec 30 cl d'eau et centrifugez à pleine puissance jusqu'à obtention d'un mélange homogène.

Versez cette préparation dans un récipient hermétique et fermez. Placez-le au congélateur pendant au moins 6 heures.

Quelques minutes avant de servir, griffez le granité à la fourchette pour le réduire en paillettes. Répartissez-le dans des verrines individuelles et servez aussitôt.

CARPACCIO D'ANANAS AUX ÉPICES ET FRUITS CONFITS

4 pers. Préparation : 30 min — *162 kcal/pers.*

1 ananas • ½ citron jaune • 4 cuil. à soupe d'épices variées (cannelle, safran, cardamome...) • 1 cuil. à soupe de gingembre confit • 1 cuil. à soupe de fruits confits (cerises, citron, orange...) • 2 cuil. à soupe de cassonade • poivre noir en grains

Réalisation

Coupez l'ananas en deux dans le sens de la longueur et débarrassez-le de son écorce. Ôtez la partie centrale (souvent filandreuse) et tranchez le fruit le plus finement possible.

Disposez les tranches en rosace sur quatre assiettes de service et saupoudrez de cassonade. Hachez grossièrement les fruits confits. Récoltez le jus de citron et versez-le sur le hachis précédemment obtenu. Ajoutez les épices et mélangez le tout.

Versez le mélange sur le carpaccio et placez au réfrigérateur jusqu'au moment de servir.

CARPACCIO DE MANGUE AU JUS VANILLÉ

4 pers. Préparation : 20 min — *85 kcal/pers.*

2 mangues bien mûres • 1 orange non traitée • 1 gousse de vanille Bourbon • 4 cuil. à soupe de cassonade • quelques feuilles de menthe fraîche • poivre noir concassé

Réalisation

Épluchez les mangues et tranchez-les en fines rondelles en partant de l'extérieur jusqu'au noyau. Disposez-les en rosace sur quatre assiettes de service et placez-les au réfrigérateur jusqu'au moment de servir.

Zestez l'orange et pressez-en le jus. Fendez la gousse de vanille en deux dans le sens de la longueur et grattez-la pour en récolter la pulpe. Dans une jatte, mélangez la cassonade, la pulpe de vanille, le poivre concassé et le jus d'orange préalablement filtré.

Nappez le carpaccio de jus vanillé et décorez de brins de menthe et de zestes d'agrume. Servez bien frais.

CHARLOTTE LÉGÈRE AUX FRAMBOISES

4 pers. Préparation : 30 min – Réfrigération : 4 h ***146 kcal/pers.***

250 g de framboises • 200 g de fromage blanc à 0 % de MG • 1 citron non traité • 100 g de biscuits à la cuiller • 4 cuil. à soupe d'édulcorant en poudre • 4 feuilles de gélatine • quelques feuilles de menthe fraîche

Réalisation

Lavez les framboises. Réservez-en quelques-unes pour la décoration. Passez-les au mixeur avec la moitié du fromage blanc et deux cuillerées à soupe d'édulcorant. Trempez trois feuilles de gélatine dans un bol d'eau froide, égouttez-les et faites-les fondre au bain-marie dans deux cuillerées à soupe d'eau. Mélangez-les à la préparation précédente. Placez au frais.

Râpez le zeste du citron et pressez le fruit. Mêlez le zeste, deux cuillerées à soupe de jus de citron, le reste du fromage blanc et de l'édulcorant. Utilisez les feuilles de gélatine restantes, procédez comme précédemment et ajoutez-les au mélange citronné. Placez au réfrigérateur jusqu'à épaississement. Tapissez un moule à charlotte de biscuits à la cuiller.

Versez la moitié du fromage blanc fruité dans le moule. Couvrez avec le mélange citronné et terminez avec le reste du mélange aux framboises. Placez la charlotte au réfrigérateur pendant au moins 4 heures. Démoulez et décorez de morceaux de fruit et de feuilles de menthe fraîche.

CHAUD-FROID D'ANANAS

4 pers. Préparation : 10 min – Cuisson : 5 min ***100 kcal/pers.***

1 ananas • 100 g d'édulcorant en poudre • 20 g de beurre allégé • quelques feuilles de menthe fraîche • 1 sachet de sucre vanille

Réalisation

Pelez l'ananas, ôtez la partie centrale fibreuse et coupez-le en tranches de 5 mm d'épaisseur. Coupez chaque tranche en quatre.

Faites chauffer le beurre dans une grande sauteuse, ajoutez l'édulcorant, mélangez, puis jetez-y les quartiers d'ananas et faites-les dorer 2 à 3 minutes de chaque côté. Disposez sur des assiettes de service. Décorez de feuilles de menthe et servez aussitôt.

CLAFOUTIS AUX FRAISES

4 pers. Préparation : 30 min – Cuisson : 40 min ***232 kcal/pers.***

500 g de fraises • 4 œufs • 100 g de fromage blanc à 0 % de MG • 80 g de farine • 25 cl de lait écrémé • 1 jus de citron • 3 ou 4 gouttes d'édulcorant liquide • 1 pincée de sel

Réalisation

Préchauffez votre four à 175 °C (th. 5-6). Lavez les fraises à l'eau courante, équeutez-les puis coupez-les en morceaux et mettez-les dans un plat.

Dans un saladier, battez les œufs en omelette avec le fromage blanc, le jus de citron, l'édulcorant et le sel. Ajoutez la farine en pluie et mélangez bien. Ajoutez progressivement le lait en délayant au fur et à mesure. Versez la pâte sur les fraises et faites cuire au four pendant 30 à 40 minutes en vérifiant la cuisson à l'aide d'un couteau.

Conseil : *je préfère utiliser les édulcorants liquides, leur pouvoir sucrant est mieux préservé à la cuisson et leur goût est souvent plus apprécié que celui de l'aspartam. S'ils vous paraissent plus chers à l'achat, sachez qu'ils sont particulièrement économiques et que quelques gouttes suffisent à sucrer un dessert familial ! Cependant, ils ne conviennent pas aux desserts où le sucre apporte une texture ou un volume : dans ce cas, préférez des édulcorants en poudre ou bien diminuez d'un tiers la quantité de sucre de vos recettes habituelles.*

COMPOTÉE DE POIRES AUX NOIX ET AU MIEL

4 pers. Préparation : 20 min – Cuisson : 15 min **83 kcal/pers.**

2 poires Williams • 20 g de cerneaux de noix • 2 cuil. à soupe de miel liquide • Quelques feuilles de menthe fraîche • 1 cuil. à soupe de gingembre en poudre

Réalisation

Pelez et épépinez les poires. Enlevez les parties ligneuses et ôtez le trognon. Coupez grossièrement la chair des fruits. Faites chauffer sur feu doux, ajoutez le miel et le gingembre en poudre. Mélangez régulièrement. Laissez « compoter ».

Lavez et ciselez la menthe fraîche. Après refroidissement, ajoutez les cerneaux de noix et la menthe ciselée. Répartissez dans des verrines individuelles, décorez de quelques feuilles de menthe et servez aussitôt.

COMPOTÉE DE POMMES RÉGLISSÉE

4 pers. Préparation : 20 min – Cuisson : 15 min **32 kcal/pers.**

2 pommes moyennes • Quelques gouttes d'arôme de réglisse • 4 cuil. à soupe d'édulcorant en poudre

Réalisation

Pelez et épépinez les pommes. Débarrassez-les des parties ligneuses et ôtez le trognon. Coupez grossièrement la chair des fruits. Laissez « compoter » sur feu doux pendant 10 à 15 minutes.

Édulcorez si nécessaire puis ajoutez quelques gouttes d'arôme de réglisse. Mélangez puis répartissez dans des verrines individuelles. Placez au frais jusqu'au moment de servir.

COMPOTÉE DE PRUNEAUX À LA VANILLE

4 pers. Préparation : 15 min – Cuisson : 10 min – Réfrigération : 1 h

83 kcal/pers.

100 g de pruneaux d'Agen • ¼ de citron jaune • 4 cuil. à soupe d'édulcorant en poudre • 5 cl de crème fleurette allégée • 1 gousse de vanille • Quelques feuilles de menthe fraîche

Réalisation

Dénoyautez les pruneaux, détaillez-les grossièrement et citronnez-les. Faites-les « compoter » sur feu doux et ajoutez-y la gousse de vanille

fendue en deux dans le sens de la longueur. Ôtez la gousse et laissez refroidir avant de saupoudrer d'édulcorant. Passez au mixer et réservez au frais. Montez la crème en Chantilly et ajoutez-y la purée de fruits. Répartissez la mousse dans des verrines individuelles.

Placez au freezer et laissez reposer pendant au moins 1 heure. Décorez de feuilles de menthe et servez.

CRÈME À LA FLEUR D'ORANGER

4 pers. Préparation : 15 min – Cuisson : 10 min **99 kcal/pers.**

½ orange non traitée • 6 cuil. à soupe de Maïzena • 4 cuil. à soupe de fleur d'oranger • 4 cuil. à soupe d'édulcorant en poudre • 50 cl de lait écrémé

Réalisation

Zestez l'orange et extrayez-en le jus. Mettez le lait à chauffer sans le faire bouillir, ajoutez la Maïzena et mélangez au fouet sans arrêter. Ôtez du feu et continuez à mélanger en y ajoutant la fleur d'oranger. Ajoutez-y l'édulcorant et le jus d'orange préalablement filtré. Mélangez jusqu'à obtention d'une crème lisse et homogène. Disposez la crème dans des verrines individuelles.

Laissez refroidir puis placez au frais jusqu'au moment de servir.

CRÈME À LA VANILLE À MA FAÇON

4 pers. Préparation : 10 min – Cuisson : 20 min **160 kcal/pers.**

50 cl de lait écrémé • 4 jaunes d'œufs • 2 cuil. à soupe de farine de blé • 1 pincée de sel • 100 g d'édulcorant en poudre • 1 cuil. à soupe de zestes de citron • 1 cuil. à soupe de cassonade

Réalisation

Mélangez la farine dans quelques cuillerées de lait puis réservez. Dans une casserole, versez le lait, ajoutez les zestes de citron et la gousse de vanille fendue en deux. Faites chauffer à feu doux sans cesser de remuer et retirez du feu dès les premiers bouillons. Laissez tiédir.

Battez les jaunes d'œufs avec l'édulcorant en poudre, incorporez le tout au lait tiède et replacez sur feu doux. Incorporez la farine délayée, replacez sur le feu et laissez épaissir. Retirez les zestes de citron et la vanille.

Versez dans un plat creux et laissez refroidir jusqu'à ce que la crème forme une peau en surface. Saupoudrez de cassonade et faites brûler la crème sous le gril du four. Servez aussitôt.

CRÈME AU CHOCOLAT ET AUX ÉPICES

4 pers. Préparation : 15 min – Cuisson : 10 min ***276 kcal/pers.***

150 g de chocolat pâtissier • 1 bâton de cannelle • 1 clou de girofle • 1 étoile de badiane • 20 cl de crème liquide allégée • 2 jaunes d'œufs • 100 g d'édulcorant en poudre

Réalisation

Versez la crème dans une casserole, ajoutez le bâton de cannelle cassé en petits morceaux, la badiane et le clou de girofle et portez à ébullition. Aux premiers bouillons, retirez du feu, couvrez et laissez infuser.

Pendant ce temps, faites fondre le chocolat au bain-marie. Fouettez les jaunes d'œufs avec l'édulcorant, puis versez le chocolat fondu en fouettant. Filtrez la crème liquide et versez-la en fouettant bien sur le chocolat.

Versez la préparation dans une casserole et faites cuire 5 minutes en remuant sans ébullition à feu doux. Répartissez la crème dans des coupes individuelles et placez au frais jusqu'au moment de servir.

CRÈME DE COCO

4 pers. Préparation : 20 min – Cuisson : 2 min **40 kcal/pers.**

4 cuil. à soupe d'édulcorant en poudre • 2 blancs d'œufs • 200 g de fromage blanc à 0 % de MG • 2 feuilles de gélatine • 2 cuil. à soupe de noix de coco râpée • Quelques gouttes d'arôme de coco liquide

Réalisation

Faites ramollir les feuilles de gélatine dans deux cuillerées à soupe d'eau froide. Égouttez-les puis laissez-les fondre au bain-marie jusqu'à dissolution complète.

Dans un saladier, mélangez le fromage blanc, le râpé et l'arôme de coco puis incorporez la gélatine fondue. Fouettez les blancs d'œufs en neige très ferme. Ajoutez l'édulcorant et battez le mélange encore 1 minute supplémentaire. Incorporez délicatement la neige obtenue au fromage blanc aromatisé.

Répartissez la crème dans des verrines et placez au frais jusqu'au moment de servir.

CRÈME DE YAOURT AUX MYRTILLES

4 pers. Préparation : 5 min **108 kcal/pers.**

400 g de myrtilles • 4 yaourts brassés • 10 cl de crème liquide allégée • 150 g d'édulcorant en poudre • 2 citrons jaunes

Réalisation

Lavez les myrtilles. Lavez les citrons, prélevez les zestes et émincez-les finement. Pressez un citron. Dans un saladier, mélangez vivement les yaourts avec la crème liquide et l'édulcorant en poudre. Ajoutez le jus de citron.

Répartissez la crème de yaourt citronnée dans des coupelles individuelles, ajoutez les myrtilles et les zestes et réservez au frais jusqu'au moment de servir.

CRÈMES MOUSSEUSES À LA MANDARINE

4 pers. Préparation : 20 min *89 kcal/pers.*

6 mandarines • ½ orange non traitée • 2 blancs d'œufs • 200 g de fromage blanc à 0 % de MG • 1 cuil. à soupe de miel liquide • 6 cuil. à soupe d'édulcorant en poudre

Réalisation

Râpez le zeste de l'orange et extrayez-en le jus. Pelez les mandarines à vif et passez leur chair au mixeur à pleine puissance. Dans un saladier, mélangez le fromage blanc, le miel et le zeste d'orange. Ajoutez la purée de mandarines.

Fouettez les blancs d'œufs en neige très ferme. Ajoutez l'édulcorant et battez le mélange encore 1 minute supplémentaire. Incorporez délicatement la neige obtenue au fromage blanc fruité.

Versez cette préparation dans des verrines individuelles, couvrez et laissez prendre au réfrigérateur jusqu'au moment de servir.

CRÉMETS À L'ARÔME D'AMANDE DOUCE

4 pers. Préparation : 15 min – Cuisson : 10 min **117 kcal/pers.**

2 cuil. à soupe d'amandes émondées • 6 cuil. à soupe de Maïzena • 1 cuil. à soupe d'arôme d'amande douce • 4 cuil. à soupe d'édulcorant en poudre • 50 cl de lait écrémé

Réalisation

Broyez ou concassez les amandes émondées. Mettez le lait à chauffer sans le faire bouillir, ajoutez la Maïzena et mélangez au fouet sans arrêter.

Ôtez du feu et continuez à mélanger en y ajoutant l'arôme d'amande douce. Édulcorez et ajoutez les amandes émondées. Mélangez puis versez dans des petits pots de yaourt en verre.

Laissez refroidir puis placez au frais jusqu'au moment de servir.

CROUSTILLANTS DE FRAMBOISES À LA VANILLE BOURBON

4 pers. Préparation : 20 min – Cuisson : 2 min **69 kcal/pers.**

250 g de framboises • 4 biscuits sablés (type sablés du Mont Saint-Michel) • 100 g de fromage blanc à 0 % de MG • 4 cuil. à soupe d'édulcorant en poudre • ½ verre de lait écrémé • 1 gousse de vanille Bourbon

Réalisation

Nettoyez délicatement les framboises et essuyez-les dans du papier absorbant. Faites chauffer le lait et plongez-y la gousse de vanille fendue en deux dans le sens de la longueur. Stoppez la cuisson au premier bouillon. Ôtez la vanille, laissez refroidir le lait puis mélangez-le au fromage blanc. Édulcorez puis incorporez les framboises entières. Émiettez les sablés.

Remplissez les verrines de crème de framboises et saupoudrez de miettes de sablés. Placez au frais jusqu'au moment de servir.

CRUMBLE AUX POMMES ET AU PAIN D'ÉPICES

4 pers. Préparation : 20 min – Cuisson : 20 min **200 kcal/pers.**

4 belles pommes • 3 cuil. à soupe de farine de blé type 45 • 2 à 3 cuil. à soupe de vergeoise (sucre roux) • 30 g de beurre allégé • 2 cuil. à soupe d'amandes hachées • 4 à 6 cuil. à soupe d'édulcorant en poudre thermostable • 1 citron • 1 tranche de pain d'épices • mélange d'épices en poudre (vanille, cannelle, muscade, poivre...) • 1 pincée de sel fin

Réalisation

Préparez la pâte du crumble : dans un saladier, mélangez la farine, le pain d'épices émietté, les amandes hachées, la vergeoise et le sel. Ajoutez le beurre préalablement fondu et malaxez la préparation du bout des doigts. Réservez au réfrigérateur.

Pressez le citron. Épluchez les pommes, épépinez-les puis détaillez-les en petits quartiers. Placez-les dans une casserole avec deux cuillerées d'édulcorant, le jus de citron et les épices.

Préchauffez votre four à 180 °C (th. 6). Laissez fondre sur feu doux pendant 10 minutes environ. Disposez la fondue de pommes dans quatre ramequins et ajoutez-y le crumble émietté. Faites cuire pendant 10 à 15 minutes avant de servir tiède.

CRUMBLE DE BANANES RÔTIES AU GINGEMBRE

4 pers. Préparation : 20 min – Cuisson : 10 min ***117 kcal/pers.***

2 bananes bien mûres • 1 cuil. à soupe de gingembre en poudre • 2 cuil. à soupe d'édulcorant en poudre • 35 g de beurre allégé • 50 g de farine de blé • 1 pincée de sel fin

Réalisation

Dans une poêle, faites fondre 10 g de beurre à feu moyen et faites-y revenir les bananes pelées, coupées en morceaux. Saupoudrez de gingembre. Laissez colorer à feu doux pendant quelques minutes. Réservez. Confectionnez la pâte à crumble : mêlez le restant de beurre, la farine et le sel. Effritez la pâte du bout des doigts.

Étalez les miettes sur une plaque à pâtisserie et placez sous le gril du four. Laissez cuire jusqu'à coloration. Garnissez les verrines de banane rôtie avant de saupoudrer de miettes de crumble. Servez tiède ou froid.

CRUMBLE DE POIRES AU CURCUMA

4 pers. Préparation : 20 min – Cuisson : 10 min **67 kcal/pers.**

200 g de compote de poires sans sucre ajouté • 1 cuil. à café de curcuma en poudre • 2 cuil. à soupe d'édulcorant en poudre • 20 g de beurre allégé • 2 cuil. à soupe rases de farine de blé • 1 pincée de sel fin

Réalisation

Confectionnez la pâte à crumble : mêlez le beurre, la farine et le sel. Effritez la pâte du bout des doigts. Étalez les miettes sur une plaque à pâtisserie et placez (jusqu'à coloration) sous le gril du four. Dans une jatte, mélangez la compote de poires et le curcuma.

Garnissez-en le fond des verrines avant de saupoudrer de miettes de crumble dorées. Servez tiède ou froid.

DUO DE CRÈMES CHOCOLATÉES

4 pers. Préparation : 20 min – Cuisson : 5 min – Réfrigération : 2 h **220 kcal/pers.**

100 g de chocolat blanc • 100 g de chocolat noir allégé • 20 cl de crème liquide allégée • 1 feuille de gélatine • 1 œuf + 1 blanc • 4 à 6 cuil. à soupe d'édulcorant thermostable en poudre • 1 cuil. à soupe de cacao amer en poudre • 1 cuil. à soupe d'extrait naturel de vanille

Réalisation

Faites tremper la feuille de gélatine dans de l'eau froide pour la ramollir. Cassez le chocolat blanc en morceaux. Faites chauffer 10 cl de crème fleurette et ajoutez-y une cuillerée de vanille.

Hors du feu, ajoutez la gélatine et remuez vivement jusqu'à sa dissolution complète.

Versez ensuite la crème sur le chocolat blanc. Mélangez puis édulcorez la préparation à votre convenance. Fouettez le restant de crème liquide en chantilly et montez les blancs d'œufs en neige. Conservez le jaune. Cassez le chocolat noir en morceaux, faites-le fondre avec le beurre au bain-marie. Ajoutez le jaune d'œuf. Hors du feu, incorporez délicatement la chantilly et les blancs d'œufs battus. Édulcorez.

Versez les crèmes dans des verres transparents en les superposant. Terminez par celle au chocolat blanc. Parsemez de cacao en poudre et placez au frais jusqu'au moment de servir.

FLANS À LA FLEUR DE ROSE

4 pers. Préparation : 10 min – Cuisson : 10 min **126 kcal/pers.**

6 cuil. à soupe de maïzena • 4 cuil. à soupe de fleur de rose • 2 cuil. à soupe de sucre • 2 cuil. à soupe de pistaches nature • 50 cl de lait

Réalisation

Mettez le lait à chauffer sans le faire bouillir, ajoutez la maïzena, mélangez bien puis ajoutez le sucre. Ôtez du feu et continuez de mélanger en ajoutant la fleur de rose. La crème doit être de consistance lisse sans grumeaux comme la crème anglaise, ni trop épaisse ni trop liquide.

Disposez la crème dans des verrines individuelles. Décorez avec les pistaches décortiquées.

GASPACHO DE FRUITS ROUGES

4 pers. Préparation : 20 min *59 kcal/pers.*

500 g de fraises • 250 g de framboises • ¼ de citron jaune • 4 cuil. à soupe d'édulcorant en poudre • 1 tranche de pain d'épices

Réalisation

Mixez les fraises, les framboises, le jus de citron et l'édulcorant. Passez au tamis et réservez. Tranchez le pain d'épices et émiettez-le. Garnissez de miettes de pain d'épices quatre verres transparents puis nappez de gaspacho de fruits rouges.

Placez au frais jusqu'au moment de servir.

GÂTEAU À LA FRAMBOISE

4 pers. Préparation : 30 min – Cuisson : 30 min *170 kcal/pers.*

2 œufs • 30 g de sucre • 300 g de fromage blanc à 0 % de MG • 30 g de Maïzena • 1 cuil. à soupe de vanille liquide • ½ sachet de levure chimique • 300 g de framboises concassées surgelées • 200 g de framboises fraîches • 1 noix de beurre pour le moule • quelques fruits rouges pour la décoration

Réalisation

Préchauffez votre four à 180 °C (th. 6). Faites décongeler les framboises concassées et égouttez-les. Séparez les blancs des jaunes d'œufs. Battez les jaunes au fouet en ajoutant progressivement le sucre et la vanille liquide. Lorsque le mélange forme une mousse, ajoutez le fromage blanc, la Maïzena légèrement diluée avec une cuillerée à café d'eau puis la levure.

Beurrez un moule et couvrez le fond avec une feuille de papier sulfurisée (coupez-la à la taille du moule). Versez la moitié de la préparation, déposez les framboises concassées égouttées, puis versez le reste de la préparation. Faites cuire le gâteau au four chaud pendant 30 minutes.

Démoulez-le dès la sortie du four sur une plaque et laissez-le refroidir. Coupez-le en deux dans l'épaisseur et répartissez les framboises fraîches. Refermez et décorez-le avec quelques fruits rouges.

GELÉE DE MIRABELLES AUX FRUITS ROUGES

4 pers. Préparation : 10 min – Cuisson : 12 min – Réfrigération : 1 h

93 kcal/pers.

400 g de mirabelles dénoyautées • 100 g de fruits rouges : framboises, groseilles, mûres, fraises des bois • 1 citron • 20 cl de jus de pomme • quelques gouttes de vanille liquide • 1 cuil. à café d'agar-agar

Réalisation

Faites cuire les mirabelles à feu doux dans une casserole avec le jus du citron, le jus de pomme et la vanille pendant 10 minutes.

Mixez les mirabelles avec le jus. Remettez les mirabelles dans la casserole et ramenez à ébullition. Ajoutez l'agar-agar et poursuivez la cuisson 2 minutes.

Répartissez les mirabelles dans quatre verres et placez au réfrigérateur pour 1 heure. Au moment de servir, répartissez les fruits rouges sur chaque verre.

GRANITÉ À LA MENTHE

4 pers. Préparation : 15 min – Réfrigération : 6 h **92 kcal/pers.**

5 cl de crème de menthe • 30 cl de jus de citron vert • 40 g de sucre semoule

Réalisation

Faites frémir 30 cl d'eau dans une casserole sans la faire bouillir. Ajoutez le sucre et laissez-le fondre sur feu doux. Hors du feu, ajoutez le jus de citron et la crème de menthe.

Versez cette préparation dans un récipient hermétique et fermez. Placez-le au congélateur pendant au moins 6 heures.

Quelques minutes avant de servir, griffez le granité à la fourchette pour le réduire en paillettes. Répartissez-le dans des coupes individuelles et servez aussitôt.

GRATIN DE CERISES AUX ÉPICES

4 pers. Préparation : 10 min – Cuisson : 20 min **164 kcal/pers.**

300 g de cerises • 3 œufs entiers • 10 cl de lait écrémé • 4 cuil. à soupe d'édulcorant en poudre • 10 cl de crème fraîche liquide allégée • 1 cuil. à soupe de cannelle en poudre • 2 étoiles de badiane • 1 gousse de vanille • 20 g de beurre allégé

Réalisation

Lavez, dénoyautez les cerises, coupez-les en deux. Battez les œufs avec l'édulcorant en poudre. Fendez la gousse de vanille dans le sens de la longueur. Dans une casserole, faites chauffer le lait et ajoutez-y la cannelle, la vanille, et les étoiles de badiane. Hors du feu, retirez les épices et ajoutez les œufs battus.

Préchauffez le four à 210 °C (th. 7). Montez la crème en chantilly puis incorporez-la au mélange précédent. Disposez les fruits dans un plat allant au four puis couvrez du mélange à base d'œufs.

Faites cuire à four chaud pendant 10 minutes environ. Passez le gratin sous le gril du four et servez tiède.

GRATIN DE GARIGUETTES AU POIVRE GRIS

4 pers. Préparation : 10 min – Cuisson : 15 min **121 kcal/pers.**

200 g de fraises gariguettes • 2 œufs entiers • 2 cuil. à soupe de cassonade • 10 cl de crème fraîche allégée • 20 g de beurre allégé

Réalisation

Préchauffez le four à 210 °C (th. 7). Lavez et équeutez les fraises. Détaillez-les en rondelles. Saupoudrez-les d'une pincée de poivre gris et mélangez. Battez les œufs avec l'édulcorant jusqu'à obtention d'une mousse homogène. Ajoutez-y la crème fraîche.

Disposez les rondelles de fruits dans des ramequins individuels et couvrez du mélange à base d'œufs. Faites cuire pendant 10 minutes environ. En fin de cuisson, saupoudrez les gratins de sucre et passez-les quelques instants au gril. Servez tiède.

GRATIN DE POMMES À LA FRAMBOISE

4 pers. Préparation : 15 min – Cuisson : 35 min *158 kcal/pers.*

600 g de pommes reinettes • 200 g de framboises • 1 citron • quelques gouttes d'édulcorant liquide • quelques gouttes d'extrait de vanille • 200 g de fromage blanc à 0 % de MG • 2 œufs

Réalisation

Préchauffez votre four à 180 °C (th. 6). Lavez les pommes, coupez-les en cubes et faites les fondre à feu doux avec 10 cl d'eau et le jus de citron dans une casserole pendant 10 à 15 minutes. Déposez la compote de pommes dans un plat à gratin.

Battez les œufs avec le fromage blanc, ajoutez l'édulcorant, l'extrait de vanille et mélangez bien. Versez la préparation sur la compote de pommes et passez au four. Laissez cuire 20 à 25 minutes.

Couvrez le gratin avec les framboises bien serrées et servez rapidement.

MARMELADE DE FRUITS D'HIVER

4 pers. Préparation : 15 min – Cuisson : 15 min *175 kcal/pers.*

1 pomme moyenne • 2 kiwis • 2 bananes pas trop mûres • 1 poire • 1 grappe de raisin noir • 1 citron vert • 1 citron jaune • 100 g d'édulcorant en poudre

Réalisation

Épluchez la pomme, la poire, les kiwis et les bananes. Équeutez le raisin. Coupez tous les fruits en morceaux et placez-les dans un saladier. Pressez les citrons. Ajoutez l'édulcorant en poudre, le jus des citrons, remuez et laissez macérer au frais.

Quinze minutes avant de servir, disposez tous les fruits dans le panier supérieur de votre autocuiseur et le liquide de macération dans le fond de la cocotte. Fermez la cocotte. Laissez cuire 5 minutes à compter de la rotation de la soupape. Servez tiède.

MINI CAKES À L'ORANGE

4 pers. Préparation : 30 min – Cuisson : 1 h **167 kcal/pers.**

2 oranges non traitées • 4 œufs • 4 cuil. à soupe de poudre d'amandes • ½ sachet de levure chimique • 4 cuil. à soupe d'édulcorant en poudre

Réalisation

Séparez les blancs des jaunes d'œufs. Faites cuire les oranges avec la peau dans une casserole d'eau pendant 30 minutes environ. Sortez les oranges, laissez-les refroidir avant de les détailler en quartiers et de les épépiner. Passez la chair et la peau au mixeur. Préchauffez votre four à 150 °C (th. 5).

Battez les jaunes d'œufs et l'édulcorant jusqu'à obtention d'un appareil mousseux et légèrement blanchi. Ajoutez les oranges mixées et la levure. Montez les blancs d'œufs en neige bien ferme. Incorporez la poudre d'amandes puis les blancs en neige très délicatement à l'aide d'une spatule en bois.

Versez dans des moules à muffins et enfournez à mi-hauteur pendant 30 minutes environ. Vérifiez la cuisson avec la pointe d'un couteau.

MOUSSE AU CAFÉ

4 pers. Préparation : 10 min – Attente : 2 h **86 kcal/pers.**

3 cuil. à soupe de café lyophilisé • 400 g de fromage blanc à 0 % de MG • 5 blancs d'œufs • 1 cuil. à soupe d'extrait de café • 1 sachet de sucre vanille

Réalisation

Battez les blancs d'œufs en neige bien ferme. Dans une jatte, mélangez le sucre vanillé, le fromage blanc, le café lyophilisé et l'extrait de café. Incorporez délicatement les blancs au mélange.

Versez dans quatre coupes individuelles et placez dans la partie freezer de votre réfrigérateur pendant au moins 2 heures.

MOUSSE GLACÉE AUX FRUITS ROUGES

4 pers. Préparation : 15 min – Réfrigération : 2 h **57 kcal/pers.**

100 g de framboises concassées • 50 g de myrtilles • 100 g de mûres concassées • 50 g de fraises des bois • 200 g de fromage blanc à 0 % de MG • 2 blancs d'œufs • 3 cuil. à café d'aspartam en poudre

Réalisation

Mixez les fruits rouges ensemble, conservez-en quelques-uns pour la décoration. Incorporez les fruits mixés au fromage blanc, ajoutez l'aspartam.

Montez les blancs d'œufs en neige ferme et incorporez-les délicatement aux fruits. Placez au frais à +3 °C pendant 2 heures. Décorez et servez.

PAPILLOTES DE FRUITS D'ÉTÉ

4 pers. Préparation : 15 min – Cuisson : 20 min **78 kcal/pers.**

200 g de nectarine jaune • 200 g d'abricots • 200 g de fraises • 100 g de framboises • 8 feuilles de menthe

Réalisation

Préchauffez votre four à 180 °C (th. 6). Lavez les fruits sous l'eau courante. Équeutez les fraises, coupez-les en deux ou quatre suivant leur grosseur. Coupez et dénoyautez la nectarine et les abricots, coupez-les en cubes.

Répartissez chaque fruit sur quatre rectangles de papier sulfurisé, fermez les papillotes et placez au four pour 15 à 20 minutes.

Laissez un peu refroidir, ouvrez légèrement chaque papillote, décorez avec les feuilles de menthe et servez tiède.

PARFAITS AU FROMAGE BLANC

4 pers. Préparation : 15 min – Cuisson : 5 min – Réfrigération : 1 h **50 kcal/pers.**

300 g de fromage blanc à 0 % de MG • 100 g de framboises surgelées • 50 g de myrtilles surgelées • 1 cuil. à café rase d'agar-agar • 3 gouttes d'édulcorant liquide • quelques fruits rouges frais pour la décoration

Réalisation

Laissez décongeler les framboises et les myrtilles, égouttez-les pour en recueillir le jus puis mélangez-les avec le fromage blanc et l'édulcorant. Complétez le jus des fruits rouges avec un peu d'eau afin d'obtenir 5 cl de liquide.

Faites chauffer le jus dans une casserole. À l'ébullition, ajoutez l'agar-agar et poursuivez la cuisson pendant 2 minutes. Mélangez le jus de fruits rouges avec les fruits et le fromage blanc, versez immédiatement dans des ramequins individuels et placez-les au réfrigérateur. Démoulez-les froid et décorez avec les fruits rouges entiers. Placez-les au réfrigérateur pendant 1 heure.

POMMES ET POIRES EN GELÉE

4 pers. Préparation : 15 min – Cuisson : 10 min – Réfrigération : 1 h

106 kcal/pers.

200 g de pomme • 200 g de poire • 50 cl de jus de pomme frais (100 % pur jus) • 1 cuil. à café rase d'agar-agar (2 g)

Réalisation

Pelez et coupez les fruits en très petits cubes, faites-les poêler quelques minutes dans une poêle à revêtement antiadhésif avec deux cuillerées à soupe d'eau pour les ramollir légèrement, puis réservez-les.

Faites chauffer le jus de pomme dans une casserole, ajoutez l'agar-agar et poursuivez la cuisson à ébullition pendant 2 minutes. Déposez les fruits poêlés dans des verrines, ajoutez le jus à l'agar-agar jusqu'à la hauteur des fruits, puis placez les verrines au réfrigérateur pendant 1 heure. Servez frais.

RIZ À LA CANNELLE

4 pers. Préparation : 20 min – Cuisson : 30 min **193 kcal/pers.**

200 g de riz long cru • 30 cl de lait écrémé • 4 cuil. à soupe d'édulcorant en poudre • 2 cuil. à soupe de cannelle en poudre

Réalisation

Portez 50 cl d'eau à ébullition et faites cuire le riz pendant 5 minutes environ. Égouttez-le. Dans un bol, mélangez l'édulcorant et la cannelle. Ajoutez le mélange au lait bouillant. Ajoutez-y le riz mi-cuit égoutté, réduisez le feu et prolongez la cuisson à couvert pendant 25 minutes. La cuisson est terminée lorsque le riz a intégralement absorbé le liquide de cuisson.

Répartissez le riz tiédi dans des ramequins et placez-les au frais. Démoulez, saupoudrez de cannelle et servez bien frais.

ROULEAUX DE PRINTEMPS AUX FRUITS DE SAISON

4 pers. Préparation : 30 min ***99 kcal/pers.***

16 feuilles de riz • 150 g de framboises • 500 g de fraises • 1 nectarine blanche • 1 mangue • 1 bouquet de menthe fraîche

Réalisation

Lavez les fraises et les framboises à l'eau courante. Coupez la moitié des fraises en quatre. Mixez l'autre moitié afin d'obtenir un coulis, couvrez-le et réservez-le au frais. Épluchez la mangue, coupez-la en bâtonnets. Coupez la nectarine en lamelles.

Faites tremper les feuilles de riz l'une après l'autre dans de l'eau pendant 2 à 3 minutes. Garnissez la partie inférieure de chaque feuille en serrant bien les fruits, ajoutez un peu de menthe ciselée, roulez, pliez puis finissez de rouler afin de maintenir la pliure. Servez frais accompagné du coulis de fraise.

SABAYON AU CITRON

4 pers. Préparation : 10 min – Cuisson : 15 min ***107 kcal/pers.***

3 citrons jaunes • 4 œufs • 1 sachet de sucre vanillé • 2 cuil. à soupe de rhum brun • 200 g d'édulcorant en poudre

Réalisation

Râpez le zeste d'un citron après l'avoir lavé, gardez-le en attente. Pressez les citrons restants. Cassez les œufs en séparant les blancs des jaunes. Au bain-marie chaud mais non bouillant, fouettez les jaunes d'œufs avec l'édulcorant et le sucre vanillé. Lorsqu'ils deviennent mousseux, ajoutez le jus des citrons et le rhum. Continuez à fouetter pour obtenir une crème épaisse.

Laissez refroidir et placez au réfrigérateur jusqu'au moment de servir. Décorez avec les zestes de citron.

SALADE DE PRINTEMPS

4 pers. Préparation : 15 min **81 kcal/pers.**

200 g de fraises gariguettes • 2 kiwis • 400 g de pêches jaunes • quelques feuilles de menthe

Réalisation

Lavez les fraises sous l'eau courante, équeutez-les et coupez-les dans la longueur. Épluchez les kiwis et coupez-les en rondelles. Lavez et épluchez les pêches, coupez-les en tranches.

Mélangez tous les fruits ensemble, délicatement pour ne pas casser les rondelles de kiwi. Ciselez la menthe fraîche et réservez au froid, couvert, jusqu'au moment de servir.

Conseil : *pour vos salades de fruits, ne mélangez pas plus de trois ou quatre fruits différents afin de ne pas masquer la saveur de certains. Ici, les couleurs, les textures et les goûts de chaque fruit se coordonnent parfaitement… du plaisir en toute simplicité.*

SOUPE DE MIRABELLES AUX BAIES ROUGES

4 pers. Préparation : 5 min – Réfrigération : 1 h – Cuisson : 15 min (*90 kcal/pers.*)

400 g de mirabelles dénoyautées • 200 g de fruits rouges (framboises, groseilles, mûres, fraises des bois) • 1 citron • 10 cl de jus de pomme • ½ cuil. à café de cannelle moulue

Réalisation

Faites cuire les mirabelles à feu doux dans une casserole avec le jus du citron, le jus de pomme et la cannelle pendant 15 minutes. Laissez tiédir puis mixez les mirabelles avec le jus.

Répartissez les mirabelles dans quatre verres et passez au réfrigérateur pendant 1 heure. Au moment de servir, répartissez les fruits rouges sur chaque verre.

VERRINES À LA CRÈME DE MARRON

4 pers. Préparation : 15 min (*116 kcal/pers.*)

2 jaunes d'œufs • 50 cl de lait écrémé • 4 cuil. à soupe d'édulcorant en poudre • 2 cuil. à soupe de Maïzena • 4 cuil. à soupe de crème de marron • 1 gousse de vanille Bourbon

Réalisation

Dans une casserole, faites bouillir le lait avec l'édulcorant et la gousse de vanille fendue en deux dans le sens de la longueur. Après ébullition, retirez du feu. Laissez refroidir et débarrassez du bâton de vanille.

Délayez la Maïzena dans quelques cuillerées de lait chaud puis ajoutez les jaunes d'œufs au lait restant. Laissez épaissir sur feu doux, retirez du feu puis incorporez la crème de marron. Mélangez. Répartissez la crème tiède dans des verrines individuelles et laissez refroidir. Placez au frais jusqu'au moment de servir.

VERRINES DE TIRAMISU AUX FRAISES

4 pers. Préparation : 30 min – Cuisson : 40 min **167 kcal/pers.**

250 g de fraises • 200 g de fromage blanc à 0 % de MG • 1 cuil. à soupe de crème à 15 % de MG • 2 cuil. à soupe d'aspartam en poudre • 8 biscuits spéculoos • 1 gousse de vanille • 1 cuil. à café de cacao maigre • 4 belles feuilles de menthe

Réalisation

Coupez la gousse de vanille dans la longueur, grattez-la afin d'en récupérer les grains. Mélangez dans un bol le fromage blanc avec la crème, la vanille et l'aspartam en poudre.

Lavez, équeutez puis coupez les fraises en petits cubes (réservez-en quatre pour la décoration). Écrasez au fond de chaque verrine un spéculoos, recouvrez-le de fromage blanc puis de dés de fraises, émiettez de nouveau un biscuit, ajoutez une couche de fraises puis une couche de fromage blanc. Saupoudrez de cacao, décorez avec une fraise finement découpée et une feuille de menthe. Servez très frais.

Index des recettes

BONS PETITS ŒUFS

COQUILLAGES ET CRUSTACÉS… ET POISSONS

VIANDES… À CROQUER

VOLAILLES ET LAPIN POIDS PLUME

DESSERTS ET GOURMANDISES SANS CULPABILITÉ

PAR ICI LES LÉGUMES